先知的智慧 103

屋向宅位學

天滴子著

龍吟文化事業

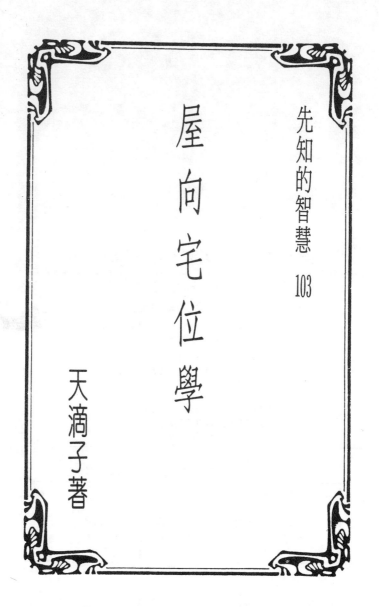

屋向宅位學　　天滴子著　　定價 280 元

龍吟文化事業股份有限公司／出版
希代書版有限公司／總代理
地址：台北市內湖區新明路 174 巷 15 號 10F
電話：(02)7911198(代表線)
(02)7943180(代表線)
FAX：(02)7955824・(02)7955825
發行人：朱寶龍

行政院新聞局版台業字 0779號
本社法律顧問：梁開天律師
蕭雄淋律師

印刷者：傑泰印刷廠
地　址：台北市萬大路 322 巷 20 號

中華民國 74 年 9 月希代版
1997 年 8 月再版

向本社郵購請用帳號0017944-1(希代書版)

Printed in Taiwan

序言

要鑑識判斷一座屋宅的吉凶，必須先要識其方位，方位的選鑑方式多種，本書即針對此一問題，作精深地探討。

基於自然界裡，充滿著許許多多人腦所不能解釋的現象，例如太平洋中的神秘金三角，年年是飛機和船隻的墓地，而且在九月至十二月之間，發生的次數最多。據推測，當地可能潛伏著某種奇妙的「物性」，或是某種改造人體精神機能的磁波。當飛機或船隻駛進，即受其「物體」感應，而被吸收進去；或者該磁波干擾了船員或乘客的精神，以致造成災難事件。我們都知道，諸如此類神秘事件，早已在地球上層出不窮，科學家們雖日夜急欲以合理的科學方法，去解釋此一類現象——他們上山，下海，甚至冒著生命的危險，去尋求事實的答案，最後，他們還是失敗了——人類往往自喻爲萬物之靈，但事實上，仍有千萬解不開的結。

世上人口，就如同埃及的金字塔一樣，由上而下，不斷地成幾何級數增加，緊跟人口的增加，人類問題也相對的成正比加多。自然界中，原本是高山的，却成平地，原本是河、海，却成平原，整個世界的地形，起了波動的大變化。一百多個國家，變爲二百多個……，物換星移，事事物物都起了很大的變化。中華民國的歷史，也隨著自然的環境，做上上下下，順境逆境的交換運作，從建國到對日抗戰，一直到最近退出聯合國、輿運、世銀等，雖與開國八字的結構有關，但也和周圍環境，有息息互存的密切關係。

爲了解決詮釋上述諸多問題的來由及影響，我們上窮千古，下涉群書，希望從其中，找出一條明路以解決宇宙間許許多多的奧秘，「風水」卽是我們尋得的門路之一。風水非僅關乎國運，也關乎家族的盛衰，屋宅本身的風水，往往能帶予人許多難以預知的結果，我們時而可見到某個家庭能一帆風順，某個家庭却頹敗異常，除了能用八字結構或個人努力來解釋之外，其中深具影響性者，則非屋向宅位莫屬

方位的變化性，對住宅本身，自有其代表性的秘密，離開了方位學，屋向宅位就無法存在。此因屋向宅位所判斷的吉凶原理，皆藉著方位來作輔助，且透過此一方位問題，再加上一些自然的法則，而構成吉凶的徵兆及效力。

中國爲一優秀之民族，當各民族仍停滯在原始野蠻之時，我們早已進化至禮儀文明之邦，世上有許多聞名的發明，皆出自於中國人的智慧。遠自四、五千年前，就有指南車及指南針的發明，爲方位學立下了根基，初民很早卽感受到磁性的存在，直至今，羅盤（更精密的指南針）更是辨識陰宅及陽宅所不可缺少的工具，於此，我們爲中國人的智慧感到驕傲，也願這門學問，能再度地受到肯定與重視，繼續發揚光大。

目錄

第壹章 屋宅與外圍環境 9
外圍環境概説 11
可控制環境 13
半控制環境 23
第貳章 屋向宅位的繪製 45
畫出屋宅的平面圖 48
求屋宅或隔間的中心點 51
以數學方法求形心 58
在平面圖上標明八方位 62
八方位的意義 70

第参章　屋向宅位原理　77
六十四卦位的來源　80
六十四卦位的用途　82
各方位所引起的吉凶效果　93
影響效力總説　96
第肆章　六十四方位吉凶　99
第伍章　屋向玄關相關表　171
第陸章　宅内隔間擇鑑及配置　300
大門的擇鑑及配置　305
客廳的擇鑑及配置　320
餐廳的擇鑑及配置　330
廚房的擇鑑及配置　334
浴室的擇鑑及配置　338
房間的擇鑑及配置　341

第一章～
屋宅與外圍環境

「賢者樂山，智者樂水。」，所以，山水是居住者所欣悅的自然物；除山水之外，鄰舍、巷弄……等四周環境，也是選宅的要件。基於「孟母三遷」擇鄰的教訓，鄰居的選擇，更成爲家宅的考慮因素之一，縱觀古今中外，莫不有重視住宅之外圍環境的。環境所帶予人類的影響力，實重於任何一個因素的影響力，就「屋向宅位學」而言，外圍環境是屋宅重要的課題之一。

我們所處的社會，其本身即是一個環境，就所處的國度言，亦是個環境，就整個世界言，亦是個環境，祇不過整個世界環境，實大於以上兩者之環境，其影響力，當然也大於前面兩者。例如：當今最熱門的石油，其影響力足以駕御整個世界，控制有關的相關性企業（例：石化企業、電力工業、建築業……）。由此可知，屋宅的外圍環境，足以影響該屋宅的一切。

就屋相宅位學的體系而言，不外乎包含三大部份，即：

1. 屋向——即指著該屋宅坐落的方向，又稱原始方位。
2. 宅位——即指著該屋宅本身所處的相對方位，又稱相對方位，或玄關方位。
3. 外圍環境——即指著屋宅四周的環境言，例：風、水、樹、山、鄰宅、圍牆、池塘等。

而其中以外圍環境最重要，其次爲屋向與宅位，又屋向與宅位能補外圍環境的不足。換言之，即使外圍環境不甚佳，但屋向與宅位尚稱吉利，那麼屋向與宅位即能補足外圍環境的缺點。關於屋向與宅位的看法，容待後面說明，於此，僅就外圍環境對屋宅的影響力，作一個概要的敍述。在未作說明前，先要強調的是，外圍環境該課題，由古至今尚缺乏理論，不似屋向與宅位已深具理論性，但其呈現的準確性是有證可憑的。透過幾千年來的歸納與統計，所得出的定律，確具有科學性，絕不是吾人所鄙斥的迷信。它是先民智慧與經驗的結晶，只要適當地加以融滙貫通及運用，必可達到「趨吉避凶」的效果。

外圍環境概說

屋宅的外圍環境並非僅指山、河——這是古代的家相學所強調的——就今天的社會裡，除非在農村，否則根本不存在山格或水位，若僅論及此，則無非隔靴搔癢，泛泛之言，根本不值一談。現代社會所指的外圍環境尚包括建地的形狀、性質，以及與鄰屋的位置關係，甚且還包括氣候、風土等，這是現代家相學論外圍環境不同於古代宅相的地方。古代家相學家認爲最上等的外圍環境是：東面有河流、西面有大道、南面有平地、北面有丘陵，這就稱爲：青龍、朱雀、白虎、玄武四神相應之地。但是諸位看官可以自忖，是否曾在任何一個出售

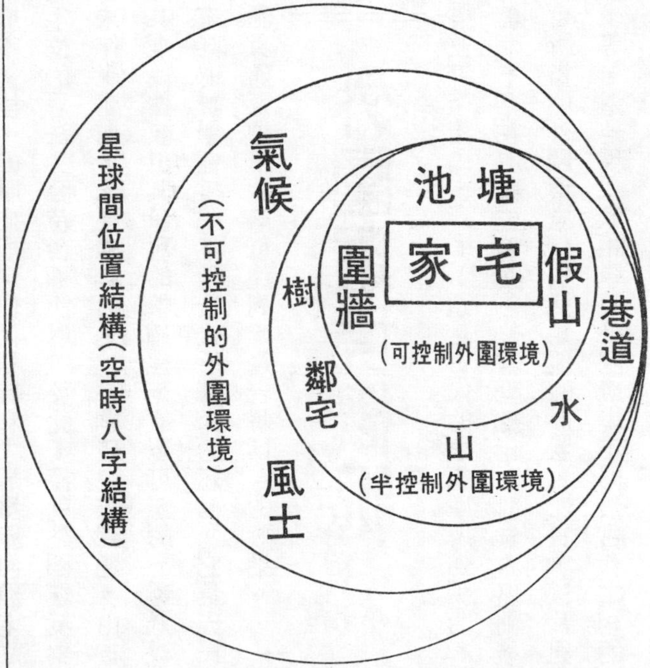
星球間位置結構(空時八字結構)
氣候
(不可控制的外圍環境)
風土
池塘
家宅
圍牆
樹
假山
巷道
鄰宅
(可控制外圍環境)
水
山
(半控制外圍環境)

外圍環境的種類

可控制環境

房屋的廣告上，看到類似上述條件的房屋。現代建築商所強調的是交通便利、靠近學校、接近市場，完全不顧自古以來所重視的吉宅條件，所以筆者認為二者各有所偏；第一、古之佳地，在今日絕無法存在於衆人所居的城市，而不居住在衆人聚集之處，則亦無飛黃騰達的一日。第二、忽視家宅的外圍環境而隨意興建，小則使居住者蒙受其害，大則造成社會問題。所以二者的觀念應該加以融合，不失偏頗，不要以小害大，才是上全之道，若僅圖謀一己之錢財，而購屋者未查，所造成的損害，非只一代之事，甚者禍延子孫，焉可不愼。

由於科學文明的進步，人類的知識領域亦不斷的擴展，對於未知的宇宙現象，亦有不少的發現，諸如太陽的光熱雖係能源之一，但是根據科學家的研究，太陽的熱度正在減低，遂造成地球上的氣候，一天比一天寒冷，這種溫度的變化也是屋宅的外圍環境，只不過這種環境要素是不可控制的，不似山、水、樹等屬於可控制的環境要素。但是控制中必存有不可控制的方面，而不可控制中也必存在可控制的一面，因此在自然條件的限制下，家宅的選擇必要配合其所在的外圍環境，外圍環境的選擇亦是上上宅的要件。

茲將外圍環境對居住者的運勢影響，依照上述分類，分別說明如下：

㈠圍牆

圍牆的建造主要用以防盜，並且有維護屋主的尊嚴的作用，自古以來，類似的設計，不可遍數，例如爵士城堡的城門，一縣之外的城門，都是採用一種圍牆似的設計，再在其上開一個門，以供出入；中國的萬里長城，便是一個不可多得的典型，長達一萬多公里，其工程規模之巨大，當不下於埃及的金字塔，也就是因爲長城的修築，才使得北方民族難以大批南下，而中華民族得保其固有之文化傳統，中華民國不致淪爲蠻夷之邦。

然而圍牆的作用並不僅止於此，假如只有門而沒有圍牆，即家宅直接和外界接觸，就一般而言，給人們一種汚穢之象，古人爲避免與世接觸，故多設圍牆，以表明自己的與世無爭，脫俗而自成一格。這是一種自清的想法和作法，姑不論其效果爲何，讀者可以自鑑，古代名世清流者衆，亦或是當今貪官汚吏者衆？淸淸濁濁，一辨即明。

凡人穿鞋子必穿襪子，有牙齒必有嘴唇，圍牆之於家宅，也是如此，假如襪子是宅門，鞋子必是圍牆，鞋子破了的話，襪子遭殃的日子也不遠了；是故圍牆和宅門的共存性及依附性是不容置疑的。然而現代社會是一個工業文明的社會，寸土是金，勢必不容許圍牆的存在，但是圍牆的功能又必須予以保存，因此產生了很多權衡的方式：

1. 中古型（庭院深深）

特別強調它的防盜功能，是一種保衞性的圍牆，牆高達二公尺以上，無法輕易窺視，廟堂之富、園庭之美，盡在不言中。然而在現代社會中，此種型式似乎非豪強大富不爲功。

2. 優艮型（納龍吐珠）

此型必須特別加強說明，乃因這種型式之圍牆正是古代之家相學者所特別推崇的，既具隱蔽性又具展示性。圍牆過高或過低均非佳相，圍牆要不高不低，與屋宅的高度調和；依一般而言，平房的圍牆高度以一公尺八至二公尺爲適宜，因爲這個高度恰爲中國人平均身高稍爲高一點，必可發揮其功能；二樓以上的樓房，圍牆的高度可以稍許昇高些，以便和屋宅配合。

此型的另一特點是其形狀，很像人類的嘴巴，成一種倒ㄇ的形狀，但兩端略向外展開，顯示屋主對社會的容納性，因爲這種圍牆本身的設計即具有排外感，若再成正直角形，則不免令人退避三舍。

3. 貧乏型（氣量狹小）

在寸土是金的城市裏，無論如何都不能講求空間放置時，圍牆只好迫近屋宅，在這種情形下，屋宅就好像是被困在排水孔的狗一樣，呼吸困難又不見天日，此型自非佳相。

在台灣，高的圍牆大部分出現在兩個地方，一是學校、二是監獄，就學校而言，尤其是在市內的學校，其圍牆之高，堪與監獄媲美，諸如北一女中、建國中學，這兩個台灣最優等的高級中學——風名鼎盛——，即擁有這種高牆，我們可以分析，在大學中的風雲人物百分之七〇並非出自此二所學校，而且我們可以說，這兩所學校的畢業生其所成就的也絕非商業性的人才，這與其位兩路之交叉口有關，容待下節說明，此節僅就其圍牆討論。圍牆過高且厚度太大，則通風、採光均屬不佳，在美觀上予人一種惡劣印象，似乎任何一股風都不許進入，在心理上予人一種壓迫的感覺，好像一踏入校門，就和外界隔絕，而進入一個昏暗的世界。

筆者建議若需築高牆，則不妨採用灌木林的材料修築，灌木不僅可以長高，而且不致於完全密不通風。況且灌木叢給人一種柔軟的感覺，令人享受到家的溫暖，好像回到母親的懷抱，在家相學上或為健康情況下設想，均以此種材料為佳，古人有謂「隔籬呼取盡餘林」，倒不失其生活情趣。

讀者曾否記得國立台灣大學四周的矮牆，以它的高度而言，正是符合家相學裡所談的矮牆，其給予人一種輕鬆，無拘無束的氣息，使得那浪漫的氣氛，洋溢著整個校園，而造成台大師生的自由風格，益以校園裡的灌木成列，古木參天，配合著那自由風氣的短牆，無形中培養出獨立自主的學術氣息，無怪乎，該校每年培養出無數多的優秀人才，其理由也在此。

目前台灣的監獄多爲高牆的設計，因爲講究安全性功能，故通風旣差，更接受不到陽光，這是受刑人的悲哀，無寧說是對犯罪者的一種懲罰，許多人出獄後雖想重新爲人，但是總覺得欲振乏力，甚至覺得逆境接二連三，這也不無道理，外圍環境已改變了個人的運勢。

就現代住宅來解釋，只要美觀、實用、經濟、堅固就是上相；就家相學來講，就要配合屋宅的形狀、氣勢，甚至連建材都需作爲考慮的項目。茲就上述論點作出結論如下：

A、圍牆要不高不低，與屋宅的形狀、高度相調和。

B、圍牆過高，則住宅本身就顯得貧弱，不僅不相稱，且會扼殺了屋主的後運。

C、圍牆迫近屋宅者爲凶，屋宅的外壁逼近圍牆，則屋主有被窮苦追迫之感。

D、以金屬網爲建材者爲凶，就安全性而言，易造成對居住者的傷害；就五行說而言，基於金剋木，故木造房子尤其不宜。

E、二樓以上之建築物，爲保持其隱蔽性，又避免圍牆過高，可在窗戶上添加窗簾或百葉窗。

F、圍牆爲保持良好的通風狀況，在地上一呎以內可採用花磚的方式，但注意須在下部，若在上部則爲凶。基於地面上的溫度在夏季，甚至可高達攝氏四十度左右，故此通風狀況需良好，否則熱氣對居住者不啻是一種大的傷害。

G、圍牆上不可開窗，圍牆上必須有門，才能出入，但若開窗，則無異畫蛇添足，易招來無妄之災，必有口舌之爭，引來麻煩無窮，古人謂之「朱雀開口」即指此，不可不慎。

H、修築圍牆時，須注意與鄰牆的方位。避免與鄰牆的四角對恃，古人所謂「泥殺尖」即指此，若對著左角，則對男方不利；若對著右角，則對女方不利。此時家人的精神必大受其影響，甚至有精神衰弱的情形產生，就醫學觀點而言，總認為是家族之遺傳性疾病。筆者往往發現，其致病之因無它，總因鄰宅之圍牆角突出而壓迫家宅居住者的精神，造成無名之疾病。

I、圍牆須保持其完整性，遇有破損時須馬上修補。屋宅的運勢和居住者必相結合，而圍牆又爲尾宅之一部份，是故圍牆破損必影響居住者的運勢，尤其是東北方向，古相學家均稱此爲「鬼門」，若有缺口，則醫院、法院就會成爲他的第二常去處。

J、屋宅以南向且長方形爲佳，圍牆則以圓角及無稜者爲佳，呈曲線狀而非直線直角形者，象徵著圓滑、完滿。

K、最後一點要注意的是，建造房屋時，不要先築圍牆，否則屋宅將很難修建完成，即使建造完成，居住者亦無法人口興旺，此無他，乃因先築圍牆，相當於自囚，自然無法生生不息。

㈡池塘

昔時詩仙李白有水中撈月的美談，爲池塘憑添一段神奇的故事，自古多少風流才子在池邊寫下了多少流傳千古的佳作，相對的又有多少怨男曠女，投水而結束了他們原本輝煌燦爛的生命，因此，池塘或許具有風雅的詩情畫意，但是除了較大的庭園或飯店以外，不適合修築池塘。

以台大的醉月湖爲例，因其位於新生大樓之前，而新生大樓爲新生的教室，故其對新生影響甚大，由於校工平日疏於整理，再加上日照所蒸發之氣，致使得新生的思想大受其影響，這也是一般社會大衆對台大學生的舉止不敢領教苟同的原因。今年六月左右，新生大樓又傳學生跳樓自盡，同年六月底又有一女學生在醉月湖自殺未遂，可見池水影響之巨，俱聞校警雖曾對此湖強加巡邏，盼能減少意外之發生，但均不見其效，筆者以爲乃因此池與教室過於靠近，益以四週無大樹作爲屏障，因而增助池塘與教室的凶方位，自然容易出事。

池水若疏於整理，又無大樹屏障，尤其在東方及南方陽光照射強烈之處，則池水腐臭所蒸發的有機氣體，必因所在位置之不當而露出凶兆，更何況強烈的陽光射到水面，其所反射出的光線，亦足以造成對人體的傷害，尤其是頭部及胸部，因陽光反射線綫而患病的不容置疑。

五行中水主淫蕩，因此家中若有未婚少女或年輕少婦，更需注意池塘的位置。門前右邊有池塘須防男主人好色，門左有池塘則須防女性的淫蕩。大抵而言，一百坪以下的住宅尚不需築池，否則徒增困擾。像民國初年，一些無所不為的軍閥們，奪取民膏民脂，以為一己之享樂，取妻納妾，走前門又走後門，用偷用搶的無所不為，其住宅內或住宅前大多有池塘，而其淫亂之風，史上陳蹟斑斑可數。

中國古式的房子多為凵型，中間的部分就稱為中庭，就通風或採光而言，都具有不錯的效果。根據史書記載，此類型式的建築原出現在地中海岸，地中海沿岸一帶一年四季都是風和日暖，氣候極佳，海風帶著濕氣吹過家園，為陽光普照的地中海岸憑添幾許濕氣，也將炙熱的溫度和緩了許多，這是地中海岸盛行此類建築的原因。可惜傳到中國之後，許多達官貴人的家院，卻紛紛在中庭裏築池，由於古代衞生觀念不似今人這般的強烈，因此蚊蟲雜生、濕氣遽增，對於居住者而言，這種影響是漸進的，日積月累，必然會造成對呼吸器官的傷害。

最後一併提及有關中庭的看法，中庭間堆放些雜物，則容易造成懷孕七月以上的婦女早產，兒女及後代子孫易患直接接觸的疾病，其道理仍不外乎一個「髒」字。就事實情況而言，中庭堆放異物，且種類繁多，表示主人可能是一個辛苦的工人，屋主之妻，（即女主人）必定時常在操作忙碌，早產的可能性極大，因雜物中所滲之不潔成份，也可能導至女主人的流產。所以古者所言，仍具有相當的科學性，而非完全迷信；又根據五行相生之說，物多屬木製之類，水生木，（生產形態爲水），故對胎兒不利。故天井中（即中庭、古稱天井，以其形狀似井），雜放著百物（尤其是廢物），無論如何，總不是好現象。

現代化的住宅，固然無中庭可言，但是一般公寓還是有一個小小的庭院，此時要注意的是，盡量維持其原來的土性，不要用石塊或其他材料來掩蓋，否則會弄巧成拙。況且，城市裏講求的是寸土是金，在一、二坪之大的庭院裏，應盡量整齊、清潔，才能給訪客一個良好的印象，由房子的外貌就可以判斷屋主的表觀，故居住者不可不愼。

茲就傳統家相學說和現代科學的眼光，對池塘和庭院作出以下幾點結論，以供讀者參考：

A、非一百坪以上的建地，池塘築在宅地中，在家相學上是非常不好的，尤其池塘根本不適合一般的屋宅，實無必要，也不必多此一舉，今日許多摩登的建築從業者，以有池塘、假山等作爲號召，眞是荒謬至極。

B、門前的中心有路，而路的兩邊有池塘，則象徵著居住者有情殺之事（因水本就主淫蕩，主有情感之糾紛），其他如流離他鄉、早年傷亡，亦多出自此類住宅，值得筆者慶幸的是，現代住宅已經少有此類建築，否則即為大凶之宅，萬萬不可居住。

C、池塘雖非吉兆，不過也非全為凶。門前如果有很圓的池塘，則象徵著家道中興、富有，如果不是圓形而為半圓形，且圓方朝前，亦為富有的象徵，不過此時多半指發橫財而言。

D、門前有三角形的池塘，則夫妻感情不睦，男女感情多波多折，易生是非，暗示著夫妻的離異；若僅池塘外形有尖角，而尖角之處朝向家宅的話，則暗示著家人的眼睛可能有疾病，而且這種疾病很可能是因高血壓或糖尿病而導致的眼疾；另外一點是，暗示家中的婦女們，易發生婦女方面的疾病。

E、宅前有三個池塘，相連成蓮花狀者，乃是吉相。蓮花本是靈性的代表，故此家宅必是人丁旺盛，代代貴人輩出，有官有祿，大富大貴之家，是不可多得的良宅吉屋。

F、門右有池塘時，須防男主人好色；門左有池塘時，須防女主人淫亂。

G、在狹窄的庭院裏舖石塊，家相學家的說法是會「招陰而衰微」。庭院舖滿了石塊，必使庭院失了土氣，而石塊底下又蘊藏著陰氣，對居住者非常不利。就實際上而言，夏季裏，石塊吸收大量的熱，由於其熱容量大，在晚間蒸發時，也無法馬上蒸發完，導致整個空間熱呼呼的；冬季裏，石塊却把白天的暖氣吸收殆盡，使四週罩上寒氣；雨季裏，石塊又阻擋地裏的小氣蒸發，迫使濕氣橫溢，對健康大大不利。改進之道，不妨種些草坪，不但可以增加美觀，又可以降低濕度，避免關節方面的毛病。

H、中庭長青苔，暗示著對幼子不利；中庭間堆放雜物或花葉亂陳，對幼子甚至胎兒均極不利，主婦容易流產，兒女易於感染眼疾，而男女易生淫亂之事。

半控制環境

㈠樹

大廈或店舖，談不上樹木的吉凶，然而家宅方面，則以樹木為衣，樹木可以護生機，風大之處可以禦寒氣，所以樹興則宅旺，樹敗則宅必衰弱，自古以來，此道理從未見推翻。如果不栽種樹木，就好像人沒有穿衣，鳥沒有羽毛一般，焉能保溫暖而長處平安之境，所以古人有一句話說：「門前明淨無蔽遮？宅後遍是綠樹濃，繁茂四時形不露，安居久遠祿千鍾。」

然而樹之生長必有氣，氣勢太旺對居住者亦有害。木氣對人氣之可以加以輔助，就好像微風可以助火勢，而強風却會滅火勢。故樹木太濃密，而迫使陽光透不過者之家宅必爲凶，水可以載舟也可以覆舟，宅旁之樹木過於濃密，不僅妨礙陽氣的來臨，又阻擋了陰氣的去路。筆者想起在和平西路的一幢古屋，整棟佈滿了無用的牽牛藤，乍看之下，眞令人羨慕屋主的閒情雅致，置身在一片綠色的世界裏，但根據左鄰右舍及賣冰的老伯伯說，那裏面住的人只剩下一個女主人和她多病的大兒子，二女兒早出嫁了，人丁單薄，寡婦一個怪可憐的，而且已經三代單傳，言談之下，對這個家庭投以無限的同情，筆者剛才羡慕之情一掃而光，不禁思考起綠蔭籠罩在家宅上的問題，這間住宅就是因爲陽氣無由進入，而陰氣又無路可出所造成，氣勢薄弱因而造成人丁單薄，而且健康情形欠佳。就一般情形而言，陽光是萬物的能源，陽氣的催化劑，若以樹木或樹葉阻擋了陽光，無異自掘墳墓。

樹木的形狀亦是斷定吉凶的原則之一，再者，樹木的生長和人的運勢有關。居住者個人的一切，所受或所出，必定反應在樹上。故樹著長得古怪，定是當事者有病痛或災難臨身，反之若長得高而齊，則表示著順利如意，然而須注意的是，此處所指的乃是未經人工修飾過者，目前園藝在社會上很普遍，許多大樹都被修得很有形狀，非本文所指之類。

桃園縣大溪公園旁，有一處是先總統　蔣公的居處，門前有　蔣公和　蔣夫人親手所植的樹木，兩棵大樹由兩旁向中間的天空延伸，氣勢雄偉、神態非凡，象徵「在天願爲比翼鳥，在地願爲連理枝」的譬喩，　蔣公伉儷情深，令人感動，而這兩棵樹生長得妙，更是千古絕唱。古書所言：「凡樹木灣抱，清閒享福」，所言非假。目前推行城市鄉村化、鄉村城市化的運動，鄉、鎭、市公所都會要求居民們多種植樹木花草，筆者仍希望大家把握原則：整齊、清潔、美觀，不要因樹害人，要以樹輔人，能夠如此，就是佳相。

以下提出些樹相要訣以供讀者參考，雖有些得自於古書，然而並不失其時代性，只望讀者能靈活運用，必定大有助益。

A、門前有枯樹者，最好立即將其除去。樹之枯猶如人之將死，故對老人不利，而且就科學的眼光看來，樹枯則乾，易引起火災，五行中木生火是必然的，故對住者而言是凶，宜將其連根除去；又枯者象徵貧，盛者象徵著富，所以枯木將導引致貧賤。事實上，二者亦互爲因果，因爲枯木固然帶來貧賤，又怎知不是貧賤帶來樹枯呢。

B、依照家相學的說法，均不贊成大樹圍繞，然而却認爲「圍竹」是爲吉相，即住宅四週有竹林將住宅團團圍住，鬱鬱蒼蒼，由外觀之，不見住宅者，必定是富貴之家，亦或正面留下一片空檔，而兩旁竹林圍繞者，亦爲有福之家。然須注意的是，若僅門前有竹林，而且稀稀疏疏，此爲貧苦之相，此家人之精神生活也無法圓滿。

C、若在庭院中種植花木，則桃、李、梅、杏應該加以避免。筆者往往見到許多熱愛園藝的家庭，常在庭院中種植一些花草樹木，而其家人却此得到不明之疾病，老是向醫院報到，或是遭到不測之禍事（例如撞傷、跌傷、車禍等，尤其是遇到樹的方向和宅向犯冲的時候，甚者會見血腥）。

D、樹枝纏滿了藤葉，外人也許覺得非常美觀，但是依家相學而言，樹之運勢常是與人相結合。藤葉纏身，必定意喻著官司訴訟上身，故此時須除去，否則官司勝負難以見曉，常見有人終其一生，訟訴不斷，就是這個緣故。藤葉上樹，乃意味著不得翻身，所以家中須防自殺事件，當船員者須防翻船意外事故，搭飛機者亦會受其影響。是是非非，爭吵之事必不能免，故應盡速移去爲佳。

E、門前有大樹，一般而言不太相宜，不僅易引來雷擊，而且也妨礙交通，尤其有油桐樹者，必會造成子孫疾病，對幼小者不利，而且小孩子愛爬樹，難保不發生意外，宅前大樹爲凶，家人生病害痛時均不易痊癒。但若三棵大樹並排，則又爲佳，必招來富貴、名聲，其氣勢就同三個成蓮花狀的池塘，對屋宅有莫大的保護作用。

F、樹枝繁雜且朝向門宅者爲凶。樹枝交纏象徵著惡事不斷，尤其是樹枝向四方任意突出呈不規則的珠網狀時，尤須特別留心別人惡意中傷；若樹幹中心空洞，則婦女有得子宮癌或婦女惡疾的可能，且藥石罔效。

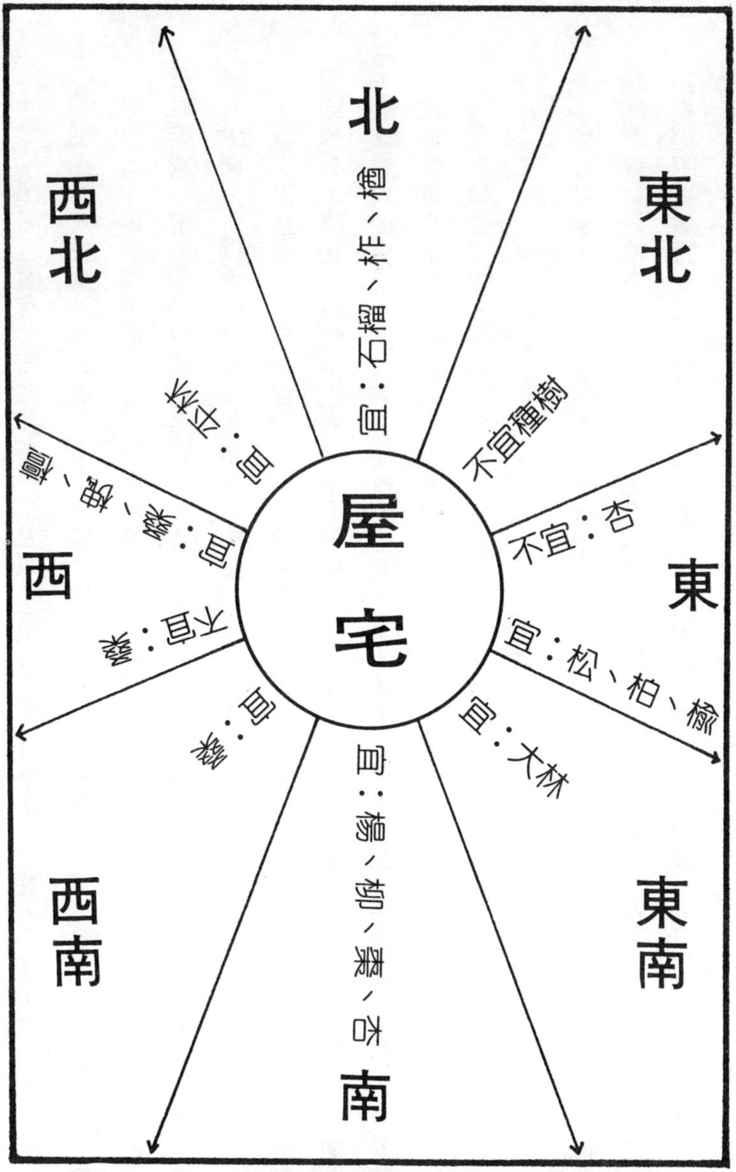
北
宜：石榴、柞、楢
西北
宜：大林
東北
不宜種樹
屋
宅
不宜：杏
東
宜：松、柏、榆
宜：大林
宜：楊、柳、棗、杏
南
東南
西南
宜：桑
不宜：桑
西
宜：桑、槐、檀

樹的種類和方位

G、住宅西面有大樹爲吉。西面或西北面的大樹可以守護房屋，若將其砍掉，必會招致斷子絕孫的大災禍，西北面——古稱爲「裏鬼門」，故在此造樹可收保護住屋之效。中國的地勢原本即爲西高東低，古家相學家強調西北面高爲吉，依照現代的說法來解釋，可能是因黃河流域一帶，冬季時蒙谷高原會吹來大量的黃土沙石，由西北向東南吹，所以在住屋的西邊有大樹，可以擋住烈風和黃塵的直接侵入。

H、盡量避免讓樹幹穿過屋簷，此地所指是設計房子時，不要因爲想保留某樹，而讓屋簷穿個洞，注意這將使屋宅顯得極不平衡，而且樹木容易對住宅發生威脅：①強風吹斷樹枝，造成對人或房子的傷害。②樹根的生長，會使住宅的地基失去其穩固性。③樹木容易枯死，此時就會產生移值的痲煩，還不如事前避免在大樹旁建房子。

I、如上頁圖。

㈡山

自古以來，山勢在堪輿學上地位重要，所以周朝立國前曾經屢次的遷都，先由歧而後遷到鎬，無論是相宅或卜居，必定選擇山水大會處，當然不是指山谷溪水正出入之處，而是指其支流所漑灌的平原，所以建都之地必定是山水大會之處，而城市則爲山水中聚之處。但是水流之處過於平坦，則無法收藏風之效。故山谷中之陽宅，以其得藏風之效，得水之美，亦別有一番氣象。

世界之大，只有十分之三爲陸地，十分之七爲水，大陸之大，只有七分之一是平原，其餘不是丘陵，就是高原或山地。然而依照古相學家的看法，眞正得其精華的地方，只有二處：一是山東省孔子的故居曲阜；一是江西的青溪縣。曲阜位於泰山的下面，又有洙水和泗水流過，山水平交而得貴格，所以子孫福祚綿延，千古不絕，例如孔子就誕生於此地。江西的青溪縣，後托諸山，就像青龍虎踞一般，此爲山谷藏風的福地，所以自從道教始祖張道陵在龍虎崖煉丹後，其運勢像白日飛天，至今千百代後運勢仍不衰滅，像這種美地，不知道天下能有幾處，筆者走筆至此，不禁感慨萬千。

山以氣勢爲重，古者有言：「山地觀脈、脈氣重於水。」，氣盛則後代子孫之前途必大佳，氣弱則子孫必敗家，所以選擇住宅時，若附近有山，請務必仔細觀察，以免招子孫的怨言。昔時南京有龍盤虎踞之稱，故　國父孫中山先生將其選爲首都，不僅如此，以前很多朝代例如：南北朝時代的宋國、齊國、梁國、陳國，以及三國時的吳，以及後來統一天下的晉朝，都是以南京爲首都，都是取其地勢佳，希望朝代能一直傳下去。抗戰時的重慶，更是有名的山城，八年抗戰之所以能夠堅持下去而獲得最後的勝利，重慶的地勢居功不小。

因此，縱觀古今，山的方位與屋宅的吉凶，有著密不可分的關係，以下乃就此點而加以闡述：

A、站在家門前，面對著家門，此時若住宅之右後方有兩座山，即名「白虎」，通常指女人會淫亂而違背倫常。所謂二座山，並非指同一山脈之二個峯，而是指前後確實有兩座山而言。

B、同樣站在門前，而見到門左後方有二座山時，表示婚姻路上有阻擋，就男方而言娶不到太太，就女方而言可能要獨守空閨，古之學者稱此為「青龍」。

C、住宅南方有高山，則此家必出學者，即在學術上很有成就，然而就今日的標準來看，並不視為成就，因為工商社會，講究的是賺錢術，並且用金錢的多寡來作為衡量成就的標準，因此若是有志於賺錢的讀者，應以此方向為凶。

D、高山環繞住宅者不佳，此種地勢必定是人丁稀少，沒有什麼發展，好像居住在山地裏的山地同胞，日復一日，年復一年，漸漸地瀕臨絕種的危機。

E、山峰的尾端靠近平地的地方，通常也是溪水的出口，此地有山崩水淹的危險，以不住為宜，縱使風景優美，尤其沖積成的扇狀平原，土壤肥沃，但是為了生命的安全，不住為宜。本省南部高雄地區的半屏山麓就是典型的例子——曾經發生過山崩而犧牲許多人命。

住宅在平原者，當然不必論山，但是在盆地或近山之處的，就必須連帶的論山，例如台

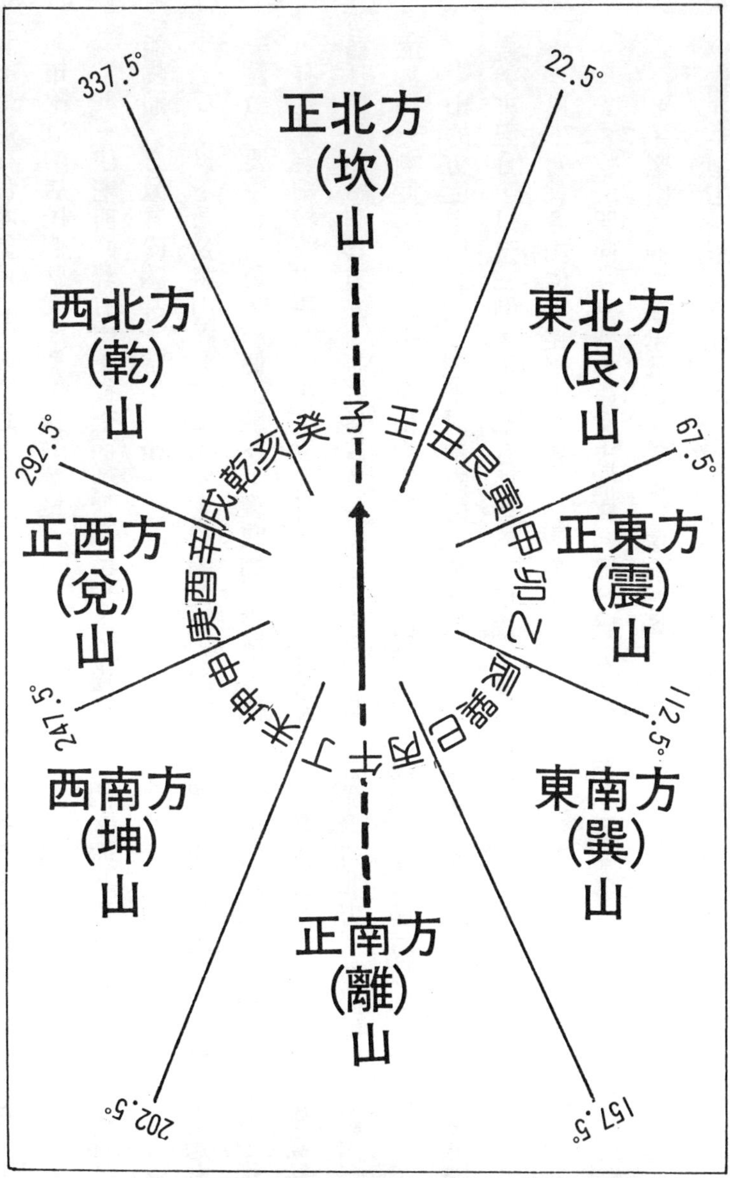

337.5°
22.5°
正北方
(坎)
山
西北方
(乾)
山
東北方
(艮)
山
292.5°
67.5°
正西方
(兌)
山
正東方
(震)
山
247.5°
112.5°
西南方
(坤)
山
東南方
(巽)
山
正南方
(離)
山
202.5°
157.5°

二十四個山方位

北市就是在台北盆地之中，附近有觀音山、雪山等，還有許多不知名的山脈，因此居住在台北市附近的居民們就要注意山脈的選鑑。

F、住宅前面若有山陵從後面延伸到屋子的右邊而止於門前時，就家相學而言，右路不能暢通，必致官訟纏身，常遭騷擾。

G、以下乃是將山脈的方位和屋宅的關係分別說明，以便讓讀者瞭解得更清楚。不過有一點讀者要注意的是，一個山脈並不像我們所寫的單位一樣，非常的明確，而是像樹枝一樣，有主幹有細枝，主要是看住宅位在那一支那一幹的範圍內，然後就以那支或那幹的最高點爲目標，開始測其方位，將羅盤置於將要定居之處，將磁針先歸向北方，然後即可看出山脈位於那一刻度的延長線上，定出方位後，以下我們再來討論山位和山勢的關係。

山的方位定出之後，還要討論它的走勢，因爲光是看山位並不足以判其吉凶，還須要藉走勢來配合，以下三例，讀者配合前面的方位圖，當可瞭解。（如上頁圖）

以下乃就各山位和走勢，分舉一例說明：

a、乾山巽向　主要象徵家主情緒易激昂過亢，發丁而不發富貴。

b、辛山乙向　表示貧窮、夭亡，家有寡孀。

C、庚山甲向　表示短壽，多出寡婦，並且容易發生癌症，主敗絕。

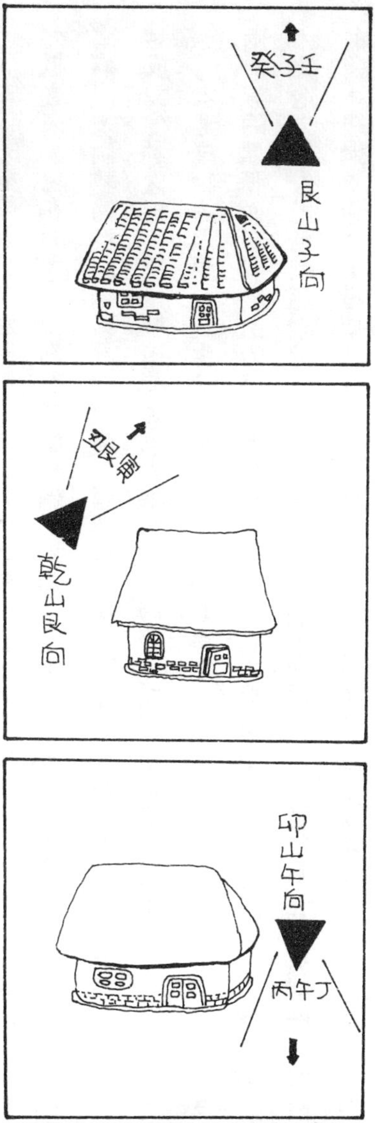

山勢與走向

d、坤山艮向　主要指富貴、高壽，人丁興旺。

e、丁山癸向　也是指富貴、旺丁和多壽，不過要注意的是家主可能因風向的關係，而導致關節方面的疾病。

f、丙山壬向　似顏回短命，有敗家業、夭亡絕嗣之象。

g、巽山乾向　主要象徵犯病不癒之相，幼子嬌妻均極不利。

h、乙山辛向　家中有貴人出，主要指丁、財兩旺，功名顯達，發福綿延。

i、甲山庚向　此向爲大凶，非淫即絕。

j、艮山坤向　此勢者，主要指妻賢、子孝，五福臨門，富貴雙全，若再配合水流勢，適當的話就是上上吉相。

k、癸山丁向　不發財亦不大凶。

l、壬山丙向　早貧晚貴多壽。

以上僅供讀者參考，因爲山勢及山位的測定，非專家不爲功，所以讀者若有興趣，筆者願意和大家討論。

㈢水

古代的堪輿家認爲水向也十分重要，能定出吉方的水位，則其開門、築堂都將有標準。大抵看來，現在的大城市都有河流經過，例如台北市的淡水河，重慶、宜賓的長江，巴黎的塞納河，倫敦的泰晤士河等，古者有言：「水來則財來」，城市交通便利，人口聚集，自然會成爲生利之地，所以城市的形成大抵在河的兩岸，印證了古者所言不差。

水是萬物的本源，是生命的起頭，世界上最早的居住區源於兩河流域，這裏的居民靠著兩河流的灌溉而形成史上的第一個農耕區，居民們呼朋引衆，漸漸的定居在這個地方，因此，此地方的人民也就愈來愈多，就形成了著名的達尼爾市。商業行爲在這裏開展，財源愈積愈多，經過一連串的投資和建設，這城市就愈來愈具規模性了；尼羅河也有同樣的發展歷史，埃及人民測量出尼羅河的定期氾濫時間和它灌溉的地區，在旁邊種植作物，因此尼羅河雖然有氾濫期，但是由於測量的精確，不利反而變成有利；可知河水雖然由於陽光和地氣的作用，而產生種種結果，但其吉凶仍端賴人類的智慧，這絕不是一成不變的。

無可否認，世事常存在一些令人深感疑惑的地方，像　總統上任時，濁水溪的溪水清了；總統　蔣公在民國三十八年引退時，黃河再度氾濫等，這種現象我們只能說是人的運勢和河流相互影響，而彼此互爲反應，這並不是迷信，而且類似的例子不勝枚舉。最怕的是河流疏於整理，而變得臭氣沖天，好像高雄的愛河一樣，令人不敢靠近，所蒸發的氣體引來滿河的蚊蟲，甚至被吸到體內，造成對呼吸器官的傷害，高雄當地的居民似乎毫不在意，但是時日一久，凶相自現。

水表財的來源，所以陰宅如果得到水可以救貧，陽宅得水可以大富大貴。水有六種類別

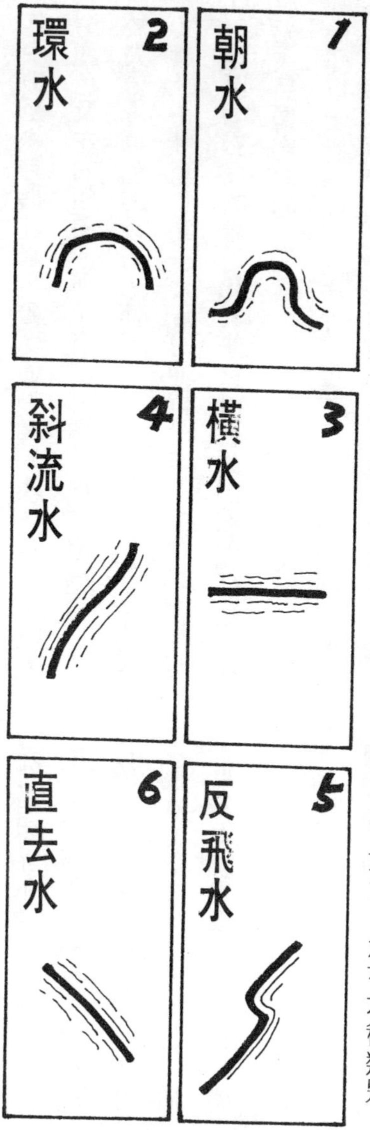

其中①至③均為吉水，④至⑥均屬凶水，但一般而言，除了考慮其形狀之外，還需要注意它的顏色及左右傾向。河水有清有濁，河床有高有低，關係重大，不能等閒視之。黃河的水由於夾帶著黃色的砂石，而呈灰黃色，若大陸能夠重光，黃河的水必然會先露出澄清的預兆，又黃河在河套形成一大片的沖積平原，而河套的形狀就如①朝水的形狀，故為大吉，而且此一地區的居民的確是比其他黃河水流而過的地區富足得多，可知古家相學家也是以科學的眼光來品鑑宅相的。

除了以上概括性的說法外，以下乃就各種不同的情況再詳加論之：

A、河流過於靠近建地為凶。第一河床不穩時，地基也不會穩固；第二河流氾濫時，住宅首先遭殃，像台灣很多海埔新生地，就是屬於這一類型，然而所謂凶也並非絕對，只要能彌補它的缺陷，就不失為吉地，像環河的那些新生地，應該提高它的建築地基，即是填土時盡量填高，如此就不怕有水患或濕氣的煩惱。

B、住宅前有有橫水流過，而且顏色澄清沒有雜物者，象徵著屋主一家人的和樂相處，一定是個大家庭，祖孫三代同堂，兒女們都充滿了向心力，而長輩的權威性重於一切。

C、河形略曲，如圖①朝水者，象徵兒孫的前途，無可限量，日後發展將如日中天，青雲直上，富貴榮華，盡其一生。

D、若有四條河流，均屬⑥之直去水，將住宅四周包住，則家中幼子可能未成年即離家，在外闖蕩，必定受盡折磨，而老死他鄉。

E、屋宅左右各有一條河流，而在家門前相交後直直的流過的屋宅，表示財富的逝去。因爲水來所以財來，但是又直去，所以財又去，以前所興的家業，必會衰敗。

F、住宅門前有類似八字型的兩條河流，表示家主必定貧苦，幼年喪失雙親，毫無所得，長大後又無一技之長，只得貧窮終其一生。

㈣巷道

和現代人類關係密切的，除了住宿的屋宅以外，巷道也是極重要的部分，因爲道路提供人類脚的踏處和車子的行路，如果世界上沒有巷道而都是屋宅的話，這世界就不成一個世界了。無論是巷或道都是道路，以下就簡稱爲道路。

「街頭巷尾」是一個現代的新名詞，它的現代意義是「到處」的意思，由此就可以知道道路對於城市鄉村，就好像必需的民生用品般不可或缺。假如某一處的紀錄燈失靈，城市裏的交通秩序馬上大亂。由於人口增加的幅度太廣，汽車增加的速度太快，道路上的信號燈就變成了必需品。除此以外，還有陸橋、地下道、行人穿越道、斑馬線的設計，但是這些設備常毫無助益且增加人民的困擾，例如台北火車站前的地下道，好像一個迷宮一樣，一進去就叫人丈二金鋼摸不著腦袋似的亂轉，又缺乏良好空氣調節設備；還有像羅斯福路的斑馬線，常常有人被撞，死生未卜，起因都是行人過於相信斑馬線的權威，而駕駛者則渺視它，難免就發生車禍，這種事情看多了，就難免會受到影響，所以選擇住宅者不可以不注意四周道路的狀況。

像縱貫公路上，車子穿梭不停，引擎聲、喇叭聲不絕於耳，就好像住在飛機場旁的居民一樣，日子久了，難保不受其影響，精神狀況一差，什麼事情也做不成功。住在鐵路旁的朋友，就更有意思了，當鐵路上有火車經過時，家裏的碗盤都會奏出美妙的交響樂曲，彷佛置身在國父紀念館的表演廳裏，聆聽世界第「一」流交響樂團演奏，堪稱一絕，但是耳朵是我們平衡中樞所在，耳朵受到傷害，個人的精神必定無法集中，在缺乏平衡的狀況下，就會脾氣暴躁、精神緊張，長久下來必定造成心理上的缺陷，有朝一日，必會到松山療養院報到。

大抵而言，城市的建設都有其計劃性，例如公園、學校、活動中心的預定地，都是由政府都市計劃建設委員會制定的，但是這僅止於後來增設的部分，早年由於沒有計劃的建屋開路，把台北市搞得亂七八糟，道路歸劃得不完善，交通事故居世界之冠，洋人皆認爲台北市的交通實在不敢領教，不僅開車要執照，恐怕行人也應該來一個走路訓練班，學習追——公共汽車，擠—公共汽車，趕——火車，跑——過馬路，跳——過路口的坑洞，碰——經得起三碰五撞，六套招術學成之後，才有辦法在台北立足。不過，在中國古代曾經存在一個完全在計劃下建設的城市，那就是長安城東南的大興城，隋煬帝時命大臣設計新城，因爲長安城已經歷經戰火，破舊不堪，而煬帝又是一個好享受的人，於是大興城就建立起來了，裏面的道路眞是一絲不差，恰恰都是九十度轉角，各屋宅大都是在四條巷道之間，取其方便，但是隋朝乃是史上數一數二的短命王朝，這與它首都的建設有密切關係。「條條道路通羅馬」，這句勉人的話，我們都常常用到，但是羅馬的歷史却很少人注意，羅馬城的建造是在暴君焚城之後重修的，而東羅馬帝國在不到一百年後就亡國了。

屋宅是靜的，而且變化性大多操縱在屋主的手中，但是巷道的選擇就不是那麼自由的，假如你今天在這條路旁買了房子，誰知道那一天不會有另一條凶道路開在你家旁邊，反正到時候你只能怪自己，而且道路受益費還要照繳不誤，誰會關心到你未來的事情？即使你以後傾家蕩產，或得了重病不治也沒人問你一聲。這就是社會，幸福安樂全靠自己去爭取，所以希望大家不要怕麻煩，要仔細的挑、細心的選，務必要面面顧到，不要禍遺子孫。

以下提出幾點原則，以供讀者參考：

A、路的盡頭不要住，此象徵窮途末路，這種住宅沒有什麼好處，害處却多得不得了，第一、火災的時候，無路可逃。第二、易遭小偷光顧，因其形式要比別家更孤立，所以對小偷而言更方便。第三、進出不方便，尤其是有車階級，在小巷內必要開倒車。第四、即使不是小巷而爲路之盡頭，車禍也一定不絕。另外還暗示著手足或官能上的殘疾，生意的失敗、官訟纏身。

B、住房西面有大馬路較佳，因爲西方在太陽下山時會有強烈的日照，故以少開窗戶爲宜，同時爲避免車子的引擎聲，或排出的廢氣，亦以開小窗戶爲宜；而東方是接受陽光的通路，不可能不開窗，因此馬路若在東邊又開窗的話，一定是整日烏煙瘴氣，這種想法不管是古代或現代都是一致的。少開窗的西邊設房間，既可避免鄰居的窺視，也可以充分利用到東面的陽光。

C、住宅四周都是巷道者不吉。前面我們就曾提到過，居住在這種四通八達的地方，的確有些好處，像交通便利等等，但是這種位置也是車禍最易發生的地方。若有人酒醉開車，一不小心就開到住宅裏去，眞可謂禍從天降。或者四週是小巷子，人人要回家前都要先經過你的住宅，試問如何能保持此住宅的私密性？不過屋主可能爲了做到隱密性，而與四圍鄰居保持一段距離，造成住家上，經常籠罩一層寂寞的外衣，可能暗示著前程不太樂觀、不易有發展，既缺地利，又欠人和。

D、巷道過於狹長，凶煞必定暗藏在巷內，尤其是家內有未成年的子女者，更應避免，巷道狹長，陰氣過盛，對人體有害，再者治安稍差的地區，更是惡少聚集隱藏之處，傷人、擄人暢所欲爲，碰到這個社會結構轉換的時代，尤須特別留心。

E、巷道彎曲，宅內數門重鎖，表示衣祿平常，這種情況就像是愚笨的人唸書一樣，聰明的人唸一遍就可以了解的，他需要讀十遍，但是效果倒是差不多。

F、門前的巷路，無緣無故出現裂痕，斷成兩段，表示家中的子女有忤逆的情事，對待長輩語氣強硬，行動凶悍，目無尊長。

㈤鄰宅

鄰宅是指不與自宅相連，而隔著路或巷子的住宅而言，因爲鄰宅的方位或狀況有改變住宅吉凶作用的能力，鄰宅必須和自宅保持一定的存在條件，否則自宅原來的吉相，也有可能轉爲凶相作用。

茲將各方位鄰宅與自宅的關係說明如下。

甲、東方部位　代表自宅未來的發展性，因東方爲日昇之方位，所以東方部位的鄰宅會影響自宅的未來潛伏的能力，例如事業的擴大，學業的更上一層樓等。

乙、西方部位　代表金錢方面的事項，可能會有金錢之賜，分成二方面：一爲正常之營業所得，二爲橫發的錢財，例如股票、獎券等。相對的，若西方鄰宅爲凶，則錢財必定外漏，即使有萬貫家產，也很難保得住。

丙、南方部位　與名聲有關，有名的人不一定有財，有財的人也不一定有名，譬如作者，即使其學說能被肯定，認知，其所得金錢方面的報酬，亦是寥寥無幾，不過就天生的八字結構看來，有些人的確是名重於利，此時就必須特別注意其南方部位的房屋。

丁、北方部位　象徵著家庭的和樂，俗語說家和萬事興，如果北方的鄰宅無法和自宅配合，因而造成一家裡經常吵吵鬧鬧，家庭絕對無法順利發展，更不用提「榮興」二字了。

戊、東北部位　和不動產有關，東北部的鄰宅配合得好時，能多置些房產，庇佑後代子孫。

己、東南部位　代表做生意能夠成功，商人特別重視，所以店舖東南方位常貼有符語，以便趨邪近利。

庚、西北部位　和家運有關，最主要還是關係著每個家中成員的未來前程，家運的興衰是一個整體的概念，而個人的前程是部分的概念，二者殊途同歸。

辛、西南部位　此方若欠佳，象徵全家均有勞動的傾向，依照現代的說法即可稱為非白領階級而為藍領階級，一般而言，皆屬貧困。

以上乃是就方位說明，再配合以下所述之狀況，即可判斷吉凶，由於鄰宅可能在任何一方位，而要各方位完全配合妥當，實在是不可能，因此讀者應選擇對自己最重要的幾點，而來選擇良宅。

、A、宅邊有空屋或破舊的房子，且窗門有破損者不佳。古人說房屋重在氣色，房子雖舊但是氣色仍然光明煥發精彩者，其家必定興旺；如果氣色暗淡，破舊又不整修，其家必定敗落。鄰宅若是空屋，顯得陰氣森森，必會影響到自家的運勢。

B、兩家門牆相對時，請注意不要讓自家的門牆低於鄰宅的門牆，古語說：「盛氣凌人」，自家門牆過低，顯示住宅氣勢薄弱，幼小的子女易受人欺負，做什麼事都會矮人半截，即使鄰居把垃圾堆在你家門口，此時你也不敢吭聲，又缺乏隱蔽性，所以這種住宅欠佳。但是有一點要注意的是，倘若雙方都不願意別人的門牆超過自己的門牆時，必定會一直加高，但是圍牆過高對通風、採光都有很大的影響，所以最好的方式是，大家同一高度，誰也不會欺負誰。

C、樓房之間，高度相差太大者亦不適宜，其理由猶如上述，而且人往高處爬，水往低處流，沒有人會願意永遠待在低處，看人眼色，聽人使喚。

D、住宅與住宅間盡量少開窗戶爲吉，否則家人易患疾病，無法痊癒。然而現代建築物，有整棟全爲玻璃的，却沒發生什麼不良情況，究其源由，乃因其採取了其他的措施，例如採用暗色的玻璃，玻璃內再加一層門，或再加一層百葉窗。不僅可以充分的吸收陽光，且可避免災難。

E、猶如前面所說的，住宅的興建，若事先沒有完全的計劃，往往同一排的建築物不在同一條直線上，彎彎曲曲的，如此，可能鄰宅的四個地基角中的某一個角，會正對著家門口，這種情況很不好，表示著當事者做事不會很順利，且中途易遭人破壞，古語稱此爲「泥殺角」。目前在台灣，這種情況多得不得了，作者每見及此，都不禁爲居住者惋惜。

F、居住取其便利，所以，以靠近學校、車站、市場爲宜，但是爲了避免吵雜起見，宜距車站或市場至少要二百公尺以上較佳。且須避免住在神壇的對面，唯恐沖犯了神明，且擋住神明的去路，造成家人的不安。

G、宅前有獨屋一間，須防女主人守寡，若爲破屋，則易損失人丁，發生破財和兇殺事件。大抵而言，空屋多充滿陰氣，而且年代愈久，愈容易擴散其陰氣，故對住在其對面者而言，易遭其陰氣的妨害，而搞得家道不寧。

第二章～
屋向宅位的繪製

在前章，已充分談到屋宅與外圍環境的關係。大抵，欲選擇一個良好的屋宅，首先先要考慮到宅的外圍環境，次則考慮屋宅本身的方位問題，本章即在說明宅位問題。

關於屋宅的方位，可分兩點來說明——即「屋向」及「宅位」，此兩個不相關的名詞，表示著兩個不同意義的方位，換句話說，這兩個不相同的意義方位，能造成該屋宅的影響力，茲分述如下：

屋向——即指著該屋宅位於地球南北軸時，所處的方向為何方向言，而其測量方法，可拿磁針或羅盤置於該屋宅通光最多部分的垂直線上，而測量之。如圖所示：（如下頁圖一、二、三）

由圖一，可得知大門因在該屋宅中，所採光的部分較多，故羅盤該置於該大門的垂直線上，以求其方位。在圖二中，因整棟屋宅採光較多的地方是圖中的窗戶部分，而大門採光較少，故羅盤該置於圖中窗戶部分的垂直線上。在圖三中，因整棟屋宅採光較多的地方是陽台，故羅盤該置於圖中陽台垂直線上，以求其方位。

宅位——即屋宅中心點與進入該屋宅進出口（通稱玄關）間的連線，將羅盤置於該中心點，所測量出的方位（有時玄關又可指著該屋宅的門）即是。

關於屋向宅位的繪製，則可援用下列方法來說明，即：

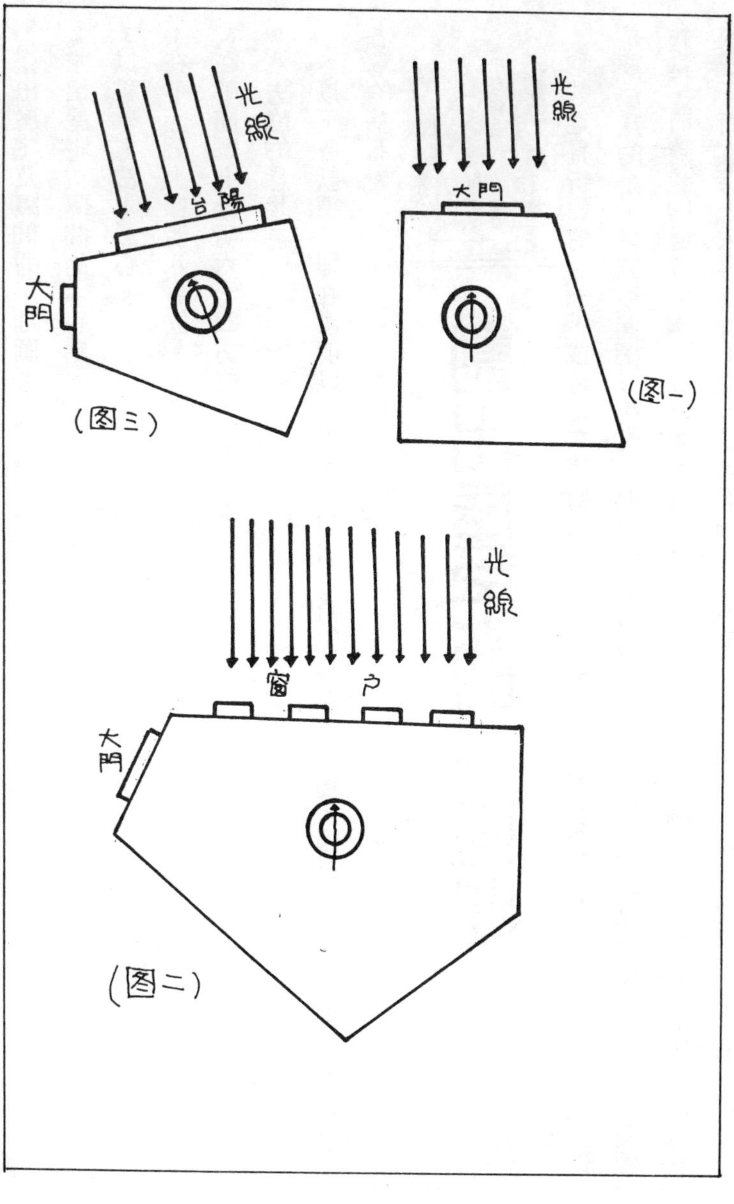
光
線
台
陽
大
門
(图三)
光
線
大門
(图一)
光
線
窗
户
大
門
(图二)

1. 畫出屋宅及隔間的平面圖。
2. 求出屋宅或隔間的中心點。
3. 以科學方法求形心。
4. 在平面圖上標明八方位。
5. 在平面圖上標明六十四方位。
6. 八方位的意義。

以下各款項，即在說明以上六點，學者必須使其融會貫通，因以上各點，即是本書以下各章的基石。

劃出屋宅的平面圖

若是買新建的房子，或是正在建造的房子，一般而言，都有現成的平面圖可以參考，但是要注意的是，拿到平面圖以後，還要自己小心的比照一下，以免有時建造者爲求表面美觀起見，而隨意的增減原樣，或者並不按照實際的比例來表現，例如：客廳畫起來像是臥房的兩倍，而實際上依其坪數來看，二者面積卻差不多，這種誤差，很容易造成方位上的錯誤，

原來也許只佔一個方位，却變成佔二、三個方位。若買舊房子，就得自己畫平面圖。

平面圖主要有二種：

a、地域性平面圖——用以判斷屋宅和鄰宅的關係，並且用來察知屋宅和附近土地、巷路的狀況，認識外圍環境對屋宅的影響性。

b、局部性平面圖——僅就屋宅內部的情形標示在圖上，以簡單清礎為主，因為大家並不是專家，不能要求太過分，不過主要的窗戶、出入口、房間、牆壁等均需要標示清楚，否則就難以說明它的吉凶了。

無論是地域性或局部性的平面圖，都不過是兩種圖示法而已，另外和房屋有關的圖形還有很多，例如立面圖、透視圖、屋頂俯視、地基斷面圖等等，在很多情況下必須要用到，例如觀察正面屋宅的門、牆、窗之高度是否適合時，就需要用到立面圖。所以只要考慮其活用性，並不一定要每一圖都繪製。

繪製的步驟如下：

1. 取一張方格紙，一般文具行所賣均以一本為單位，價錢不貴，讀者可以買一本備用。定出方格紙的中心。

2. 決定比例尺度，例如以一個刻度（一格）代表一百公尺，或代表二百公尺。

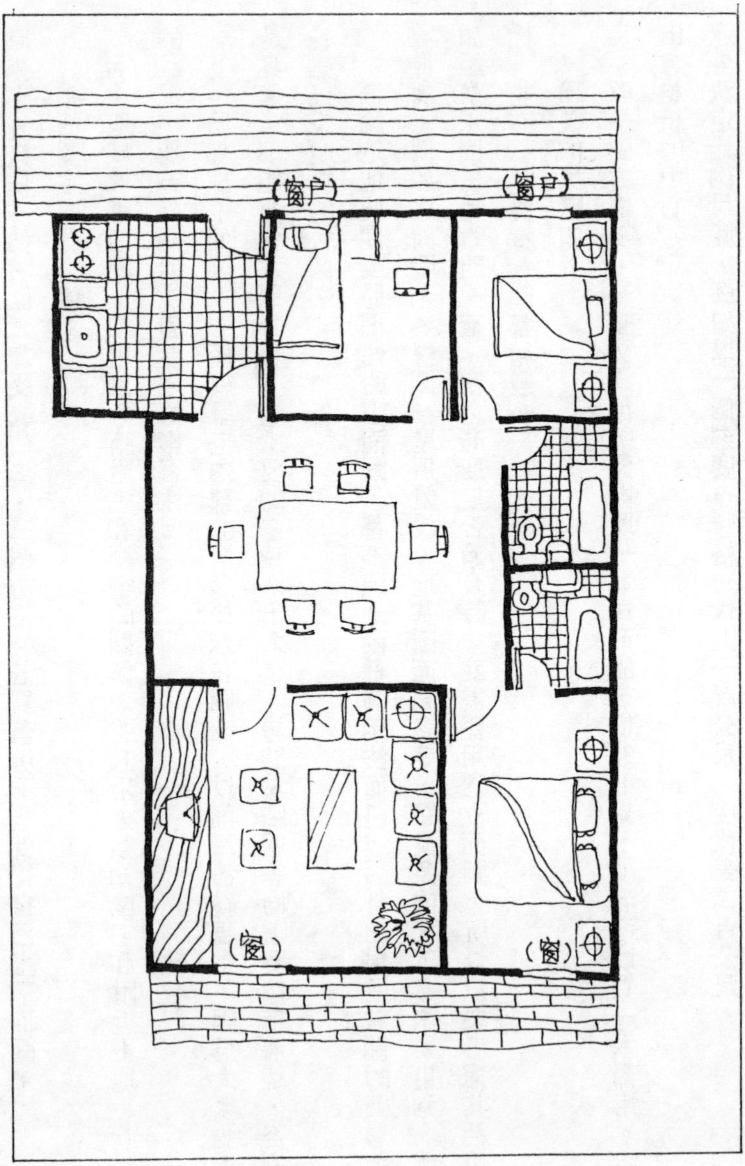
(窗户)
(窗户)
(窗)
(窗)

3. 實際測量客廳、起居間、浴、厠的實際長度，換算成比例尺度。

4. 將客廳先表示在方格紙上，此時可依方格紙的中心點畫起。注意！此中心點為方格紙的中心，並非房屋的中心點。

5. 依次序將房間按尺度標明在圖上，仔細的註明窗、口，房間和房間的界線。

6. 各種記號以能清楚表示為要，不要過於複雜，以免整個圖形過於雜亂，以致判斷錯誤。

7. 每一層樓的畫法都同於此，先畫好一樓的平面圖，二樓以上用同樣的方法，將實際位置標在圖上。

8. 至此，圖形就算完成。如上頁圖。

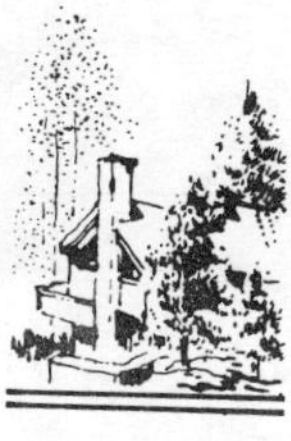

求屋宅或隔間的中心點

要找出屋宅或隔間的中心點，必須要認識缺、滿，所謂缺滿具有實質和形式雙重意義，形式上而言，就是指建地的形狀，至於實質上的意義，範圍就大得多了，例如門檻前的階梯，大廈中天井部分，或是大的玻璃門等，雖不呈凹形，但仍具有缺的作用。

何謂缺？何謂滿？茲以圖形說明之：

就形式上而言，缺就是建地凹進去的部分，滿就是建地凸出來的部分，家相學上以缺滿來代替凹、凸，用以表示其性質，就如同月的缺滿一樣，雖是不見，但並未消失，仍具有其實質作用性。

缺滿的計算原則如下：缺之所在，不超過土地連線的三分之一，滿之所在，則以其所在之土地連線超過三分之一以上。

例圖(A)$\overline{ax}$線段是$\overline{cx}$線段長的三分之一，所以abx所構成的三角形即爲缺。

例圖(B)$\overline{ef}$線段爲$\overline{ij}$的一半，所以efi子所構成的四邊形爲滿，又$\overline{gz'}$線段爲$\overline{hz'}$線

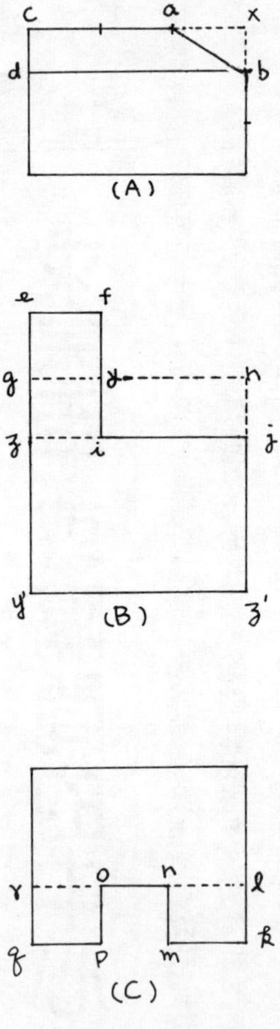

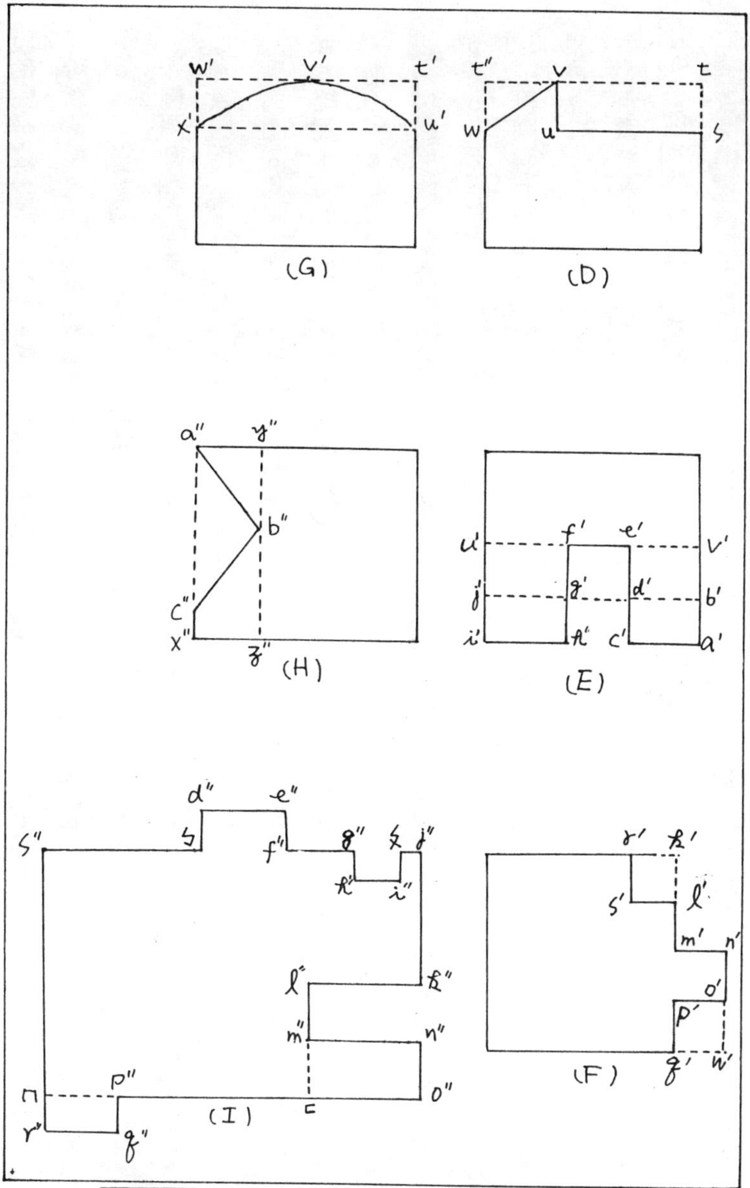
w'
v'
t'
x'
u'
(G)
t"
v
t
w
u
s
(D)
a"
y"
b"
c"
x"
z"
(H)
u'
f'
e'
v'
j'
g'
d'
b'
i'
h'
c'
a'
(E)
d"
e"
s"
f"
g"
j"
h"
i"
l"
k"
m"
n"
p"
o"
r"
q"
(I)
r'
k'
s'
l'
m'
n'
o'
p'
q'
w'
(F)

圖：缺與滿

段的三分之一，所以efiz四邊形實際爲二倍的滿，可稱爲強滿。

例圖(C)o、n兩點約三等分rl線段，所以ropq四邊形和mnlk四邊形爲滿，而mnop四邊形爲缺，理論上，缺滿多具有相對性，這是二分法的應用。

例圖(D)$\overline{t'v}$線段爲$\overline{t't}$線段的三分之一，所以t′wv三角形和vuts四邊形爲缺，又$\overline{wu}$線段爲$\overline{ws}$線段的三分之一，所以wuv三角形爲滿。

例圖(E)此圖爲圖(C)之變形，但與圖(B)有異曲同工之妙，j′兩等分u′i′線段，b′兩等分a′v′線段，而h′c′則爲a′i′線段的三等分點，所以u′f′i′h′四邊形和e′c′v′a′四邊形爲強滿，而f′e′c′h′四邊形爲重缺。

例圖(F)此爲多角形的變化，但只要把握住原則就不難加以判斷，其中r′k′s′l′四邊形及p′q′o′w′四邊形爲滿，而m′n′o′p′四邊形爲缺。

例圖(G)有時建地有圓孤形狀，多出現於門牆，此種形式者爲滿，即以$\overline{x'u'}$弦所切割的圓爲滿。

例圖(H)$\overline{a''c''}$大於$\overline{a''x''}$的三分之一，所以a″b″c″三角形不能稱爲缺，但是就橫的來看，$\overline{a''y''}$或$\overline{x''z''}$均超過橫線的三分之一，所以a″b″z″三角形和c″x″b″z″四邊形爲滿。

例圖(I)這種形式常出現在現代建築的平面圖上，雖繁複但仍不失其簡單性，ㄣd″e″f″四邊形及ㄇr″p″q″四邊形爲滿，ㄆg″h″i″四邊形爲缺，l″k″m″n″四邊形爲重缺，而ㄈm″n″o″四邊形爲強滿。

平面圖完成後，再認淸何者爲缺、滿，即可開始求中心點，此點的選定非常重要，因爲房間配置方位的吉凶，都必需要先找出中心點之後，才能決定。

所謂中心，應該是建築土地的中心點，然而大抵而言，建地多非完全成正方形或長方形，而是像我們前節所述的，包括了許多缺和滿，因此這個中心點的選定，我們稱之爲平均中心點。

中心若有移轉，必會造成誤差，因爲我們是在屋宅的中心以磁針來定方位，所以求中心點時，務必要小心謹愼，以免判斷錯誤。茲將屋宅中心點求法之原則敍述如下，之後再輔以實例說明：

①不論建築形式如何，均以正屋爲考慮中心點的重心，因爲屋宅的氣勢仍以正屋爲主，其他倉庫、車房爲輔，若以輔反正，就得不償失了。

②立體性的房子，它的中心點是在一樓。所謂立體性，是指它的建築不是平房，而是像大樓似的建築，這種建築在今日已經是非常普遍的了，由於人口幾何級數般的快速成長，人

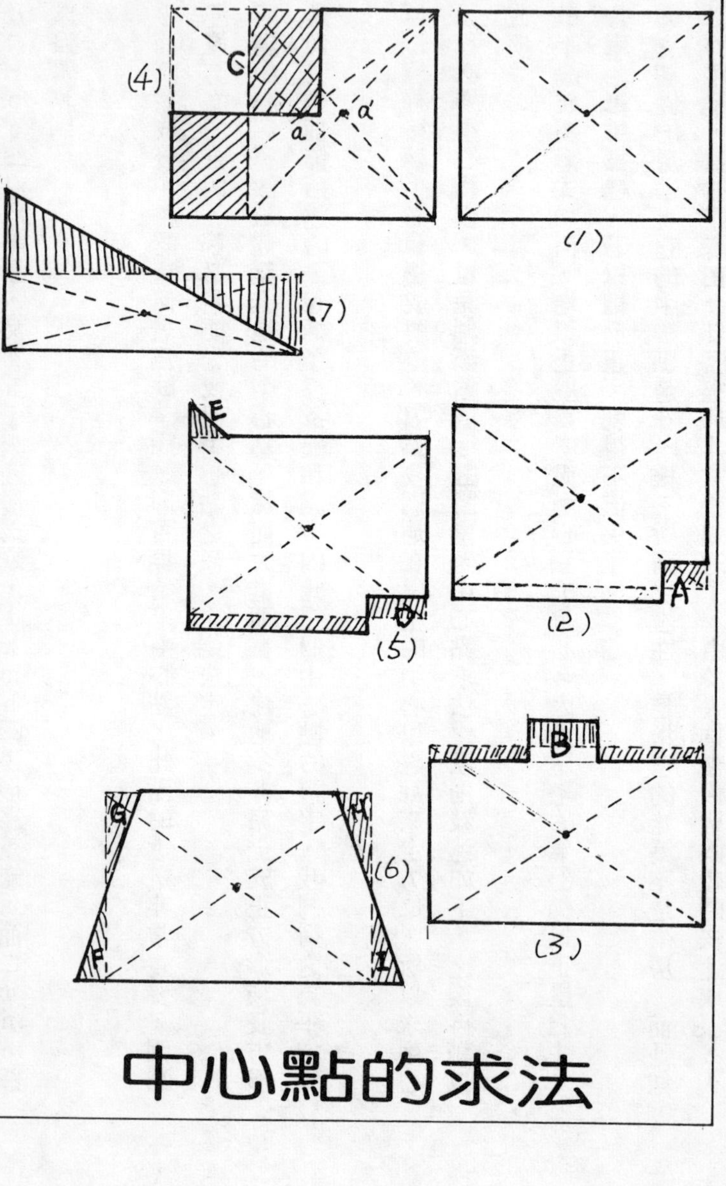

中心點的求法

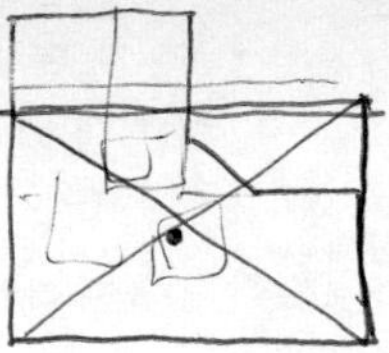

類不得不向空中發展。樓房求其中心點時，要特別注意一樓的平面圖。

③將缺、滿加以平均後，再從四個對角畫直線，相交於一點，此點即爲中心。至於如何平均，以下就是要對此點加以說明。

圖(1)是最簡單的圖形，只要畫出對角線求其交點即可得其中心點。

圖(2)A部分爲缺，爲求平均起見，所以將底線往上移，使斜線部分的面積，等於直線部分的面積，再以新的四邊形四角劃對角線，交點即爲所求。

圖(3)之B部分爲滿，仍依照圖(2)的做法求出中心點。

圖(4)之形狀較特殊，可以有二個中心點，讀者可以自己斟酌之，a點爲以原圖形爲主，不再加以平均，而讓缺者仍爲缺，劃二條補助線交於圖外，再從四角劃對角線，相交於一點，即爲所求。另外一個中心點的求法是，仿照前面的缺滿平均法，得出中心點a′。

圖(5)之E部分範圍太小，不成氣候，所以不列入考慮之內，只要將D部分之缺加以平均，再按對角線之交點求出中心點即可。

圖(6)類似等腰梯形，作法爲將兩腰之中點取出，再過此點做底邊的垂直線，再延長橫線與上底相接合，則G面積等於F面積，而H面積等於I面積，如此得以將缺滿平均而求出中心點。

圖(7)為類似直角三角形，作法同(6)，先取出斜邊的中點，再以此點做某一股（非斜邊的其他兩邊）的垂線，即可得出如圖(1)的矩形，再求其中心點即可。

以數學方法求形心

為求精確起見，我們也可以採用數學上的方法求出中心點，此時方格紙上的刻度就顯得格外的重要，也因缺滿的平均法難免有所誤差，例如小缺、小滿的不計算在內，都會造成中心點的偏離，形心一般而言沒有這項缺點，不過計算較繁：（如下頁圖）

說明如下：

a、首先在方格紙的中心，畫出橫軸x和縱軸y兩條直線。

b、標出橫軸和縱軸上的刻度，即以o為中心，向右則寫123……，向左則寫-1-2-3……，一直寫到平面圖的盡處。縱軸向上取正，向下取負。

c、計算各個獨立圖形的面積，如下頁圖之甲部分為2×4＝8，乙部分為3×4＝12。

d、先求出各個獨立圖形中心點的坐標，作法很簡單，只要對角線相交於一點，即為所

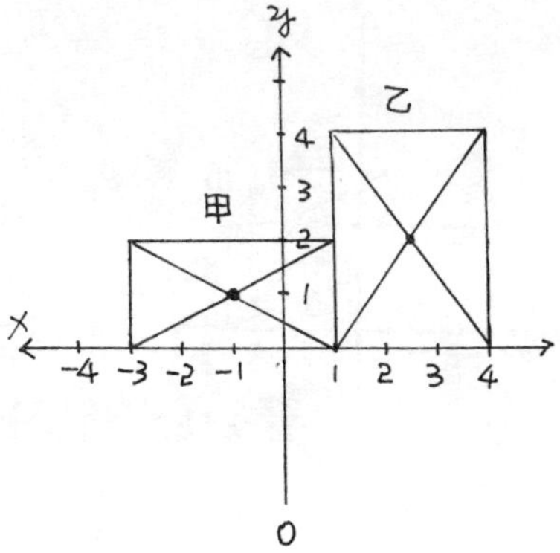

以 x 爲形心的 x 坐標
以 y 爲形心的 y 坐標

$8(-1)+12\frac{5}{2}=(8+12)x$ ……①

$\therefore x=\frac{11}{10}$

$8(1)+12(2)=(8+12)y$ ……②

$\therefore y=\frac{8}{5}$

形心的坐標即爲（$\frac{11}{10}$，$\frac{8}{5}$）

形心求算過程

求，例如右圖之甲部分的中心點爲（-1,1），乙部分之中心點爲（$\frac{5}{2}$，2），其中-1和二分之五代表橫軸的尺度，1和2代表縱軸的尺度。

e、列出①式，即甲面積×甲中心點的橫軸尺度＋乙面積×乙中心點的橫軸尺度＝（甲面積＋乙面積）×形心的橫坐標。解出方程式後，即可得出形心的橫軸尺度，縱軸的形心坐標，可以仿照上式做出來。

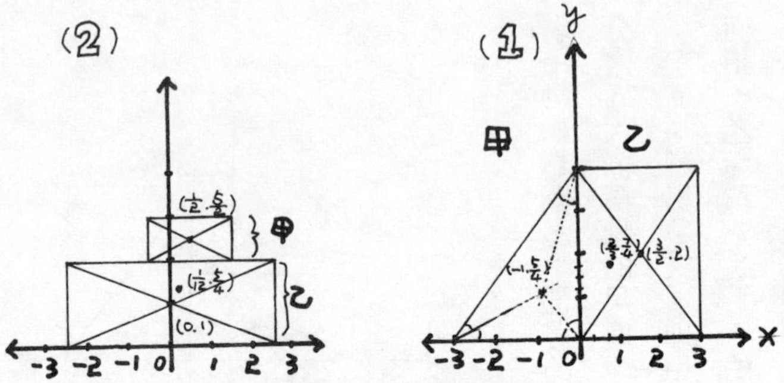

形心的求法

①利用三角形三個角分角線的性質，求出三角形的中心點，其坐標爲（-1，$\frac{5}{4}$），

利用對角線交點的性質，求出四邊形的中心點爲（$\frac{3}{2}$，2）

甲的面積爲 $3\times4\div2=6$

乙的面積爲 $3\times4=12$

$6\times(-1)+12\times\frac{3}{2}=(6+12)\times\overline{x}\quad\therefore\overline{x}=\frac{2}{3}$

$6\times\frac{5}{4}+12\times2=(6+12)\times\overline{y}\quad\therefore\overline{y}=\frac{7}{4}$

②甲面積 $2\times1=2$

乙面積 $5\times2=10$

$2\times\frac{1}{2}+10\times0=(10+2)\overline{x}\quad\therefore\overline{x}=\frac{1}{12}$

$2\times\frac{5}{2}+10\times1=(10+2)\overline{y}\quad\therefore\overline{y}=\frac{5}{4}$

③甲的面積爲 $2\times5=10$

乙的面積爲 $3\times3=9$

$10\times(-1)+9\times\frac{3}{2}=(10+9)\overline{x}\quad\therefore\overline{x}=\frac{7}{38}$

$10\times\frac{3}{2}+9\times\frac{3}{2}=(10+9)\overline{y}\quad\therefore\overline{y}=\frac{3}{2}$

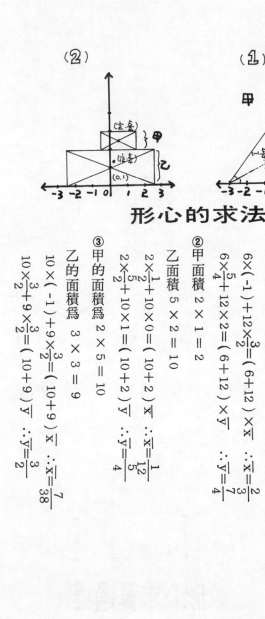

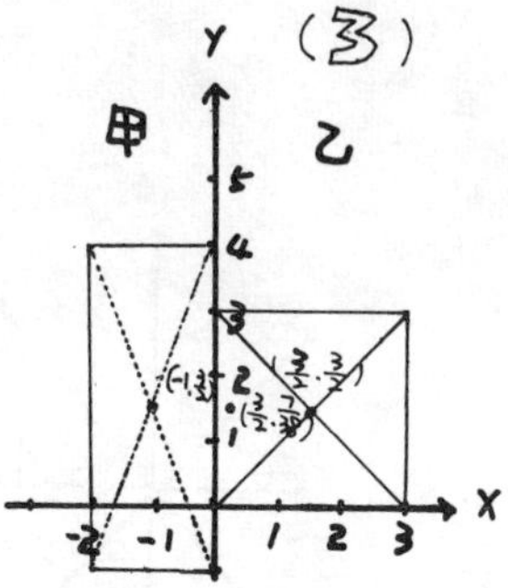

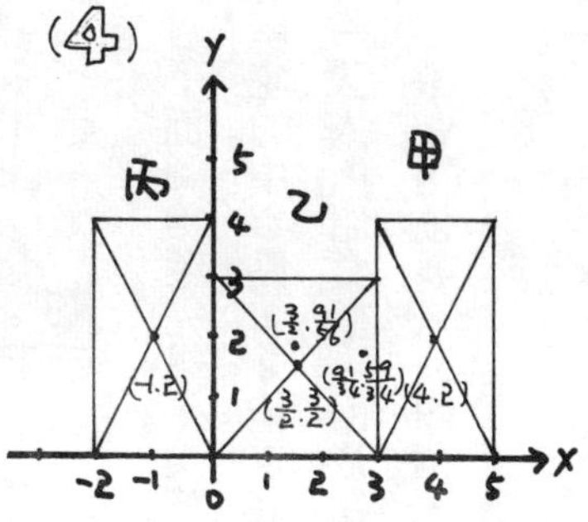

④ $8\times4+9\times\frac{3}{2}=(8+9)\overline{x}$　$\overline{x}=\frac{91}{34}$

$8\times2+9\times\frac{3}{2}=(8+9)\overline{y}$　$\overline{y}=\frac{59}{34}$

算出甲乙兩圖的形心之後，再加入丙圖形來計算

$8\times(-1)+17\times\frac{91}{34}=(8+17)\overline{x}$　$\therefore\overline{x}=\frac{3}{2}$

$8\times(2)+17\times\frac{59}{34}=(8+17)\overline{y}$　$\therefore\overline{y}=\frac{91}{50}$

過程雖然稍微複雜，但是還不會太困難。

在平面圖上標明八方位

平面圖繪製完畢，又能定出中心點之後，下一步就要開始測量方位的工作，測量時要站在屋宅的中心點，才能定好房屋的方位。測量的工具一般都是用指南針，羅盤價格太高，不是一般人所能負擔，但是在測量陰宅時，由於必須精密，此時就非羅盤不成了。

平常方位多只分四個，即東、南、西、北，各佔九十度，合起來剛好是三百六十度。

東：三百一十五度到四十五度

西：二百二十五度到三百一十五度

南：一百三十五度到二百二十五度

北：四十五度到三百一十五度。

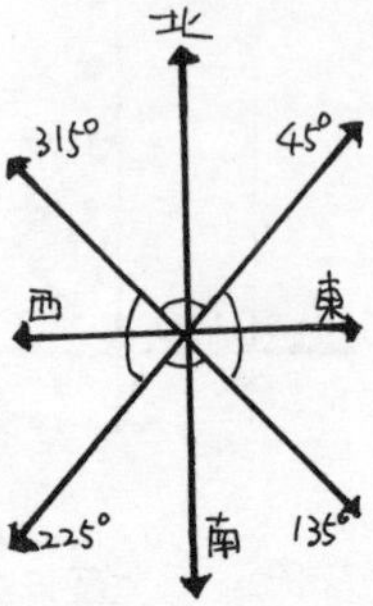

這種簡單的分法，可說是普通常識，但是很多人都缺乏這種認識，這或許是現代城市裏，大家都以路或建築物為其標記，例如某個人在羅斯福路向位先生問路—台北車站怎麼走？

先天八卦式

正南亦可在上，取其乾天坤地，但一般有上北、下南、右東、左西之謂，所以將北方排在上部。

對方一定會告訴他，你搭車子搭廿分鐘，然後看到一個很大的噴水池，和一棟十幾層高的樓房，那兒就是車站了，但是在古代，人家只會告訴你往那一個方位走多少公里，古代人他們測方位眞是有一套本領。

家相學上光有四個方位是不夠的，一個九十度的範圍似乎太大，它所能產生的變化影響也太過複雜，因此我們又把它分成：東、東北、西、西北、南、東南、北、西南共八個方位，每個方位各佔四十五度，目前社會上使用這種方位也較普遍，例如氣象報告就是其中之一。

上頁圖即爲羅盤內層圖形，又名先天八卦，因八方位的性態乃是由八卦所得來，所以在此先解說一下八卦各卦的來由及涵義：先天八卦乃由太極，因動靜而生陰陽爲兩儀，一名陰儀，一名陽儀，從陽儀中生太陽少陰，從陰儀中生太陰少陽，從太陽中生乾一兌二，從少陰中生離三震四，從少陽中生巽五坎六，從太陰中生艮七坤八，爲之八卦。

早在我們祖先的時候，就知道磁針所指的南北向，和實際的南北向略有偏差，例如羅經上說：「蓋因天之氣與地之氣，常略參差，故南北之位，陰陽之會，不能恰然齊一，是以針之所指，臬之所測有異也」。古人之聰明才智不遜於現代，所以對於自古以來的家宅理論，是否可以盡棄，讀者也可以自忖。「人必自侮，而後人侮之；家必自毀，而後人毀之」，必

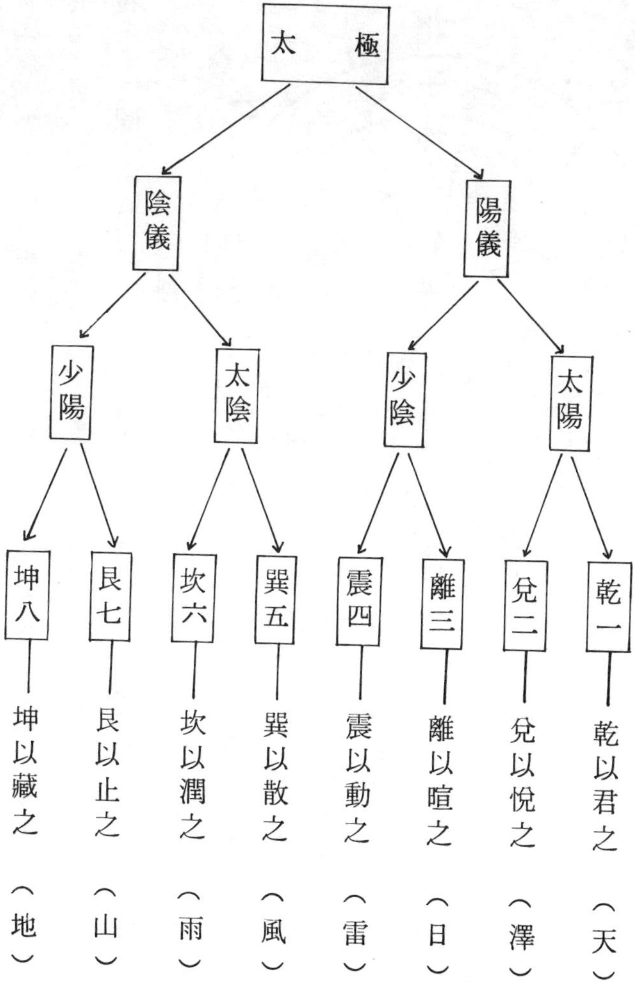
太極
陰儀
陽儀
少陽
太陰
少陰
太陽
坤八
艮七
坎六
巽五
震四
離三
兌二
乾一
坤以藏之（地）
艮以止之（山）
坎以潤之（雨）
巽以散之（風）
震以動之（雷）
離以暄之（日）
兌以悅之（澤）
乾以君之（天）

太極衍生圖

需要我們不輕視自己，不妄自菲薄，才能將歷代以來的絕學拯救出來。話說回來，羅盤就是象徵著太極，從子午中分兩儀，兩儀分卯酉爲四象，四象合四維，八卦定方位。

北方，從三百三十七度半到二十二度半，又分爲三個方位：壬、子、癸，其中眞正的北方即在壬子之間，由於方位由八卦而定，所以方位和八卦的屬性有關，所以我們將卦名標出，又由於方位與天干及地支亦有關，所以利用干、支、八卦所定的方位，恰能顯露出，方位中所暗示的特殊意義，此點將在以後說明。

二十四方位和眞正的南北向

東北方，從二十二度半到六十七度半，分爲三個方位，分別爲：丑、艮、寅，各佔十五度。

東方，從六十七度半到一百一十二度半，共分爲三個方位，分別是：甲、卯、乙，各爲十五度。

東南方，從一百一十二度半到一百五十七度半，共分爲三個方位，分別是：辰、巽、巳，各爲十五度。

南方，從一百五十七度半到二百零二度半，分別是：丙、午、丁，其中丙、午之間爲眞正南方所在。

西南方，從二百零二度半到二百四十七度半，只分爲三個方位，它們分別是：未、坤、申，各占十五度。

西方，從二百四十七度半到二百九十二度半，共分爲三個方位，它們分別是：庚、酉、辛，各占十五度。

西北方，從二百九十二度半到三百三十七度半，共分爲三個方位，分別是：戌、乾、亥，各占十五度。

此處所用之十二支爲：子、丑、寅、卯、辰、巳、午、未、申、酉、戌、亥。所用之天干爲十干中之八干：甲、乙、丙、丁、庚、辛、壬、癸，本來只是一種代表性的符號，但由於古人所賦予它的特別涵義，用來代表某種情況，所以符號絕對不能混用，例如十二支中的「戌」，並不是「戍」或「戊」，「巳」並不是「己」或「已」；而十干中的「戊」不是「

平面圖方位定法實例

戌」或「戍」，「己」也不是「巳」或「已」。

認識方位之後，就在屋宅的中心點，加以測量各房間的方位，然後將它們標在平面圖上，注意不僅一樓的平面圖要標明，二、三層樓以上也是同樣的做法，做的時候要有耐心，熟能生巧，任何事都不是一蹴可成的。

將方位標上平面圖後，本階段的工作，可謂告一段落。以上所舉為一個實際例子，可以看到廚房主要佔了四個方位：寅、甲、卯、乙，而建地的坤、未、丁三方位有缺，按照上頁圖可以很容易地瞭解缺、滿的方位和房間的方位。

房間配置的狀況會影響到整個住宅的氣象，筆者曾經觀察多年前重慶南路靠近南海路的一次大火，同樣都是木造房子，為什麼火勢不會波及到他家，原來他建的方位不同，房間的配置也不一樣，能首先察覺到危險而及時制止火勢的漫延，所以除了一些至今仍無法解釋的特殊理論外，家相學的說法都是有根有據的，它所根據的乃是數千年來經驗的結果，以及對大自然奧秘的體認。

以下所要討論的是八個方位的特性，藉著它所隱涵的意義，我們才能瞭解有關屋宅各種配置上的暗示。

八方位的意義

東（甲、卯、乙）

東面爲太陽上升的方位，代表著希望，引申出來就是：活動、發展、權力、支配、慾望。

我們知道，所謂力量的表現，在外部看就是一種形式的顯出，而每一種形式，都象徵著一種力量，太陽所代表的意義，就是力量的形式，因此我們可以說一種形式，要變爲另一種形式，就是一種力量在吸引另一種力量轉化一種力量。生物身體的發展，由胚胎到發育完成，是要成爲某一種形式，此需靠著某一種的形式力量，而且這種形式力量，要吸引轉化身體中的物質去適合它，因此這種形式力量，就成爲身體物質和精神變化的趨向。它的存在性是不容置疑的，而它的個數也不是我們所要討論的，它所潛伏的力量，它所引導的方向，才是我們探討的宗旨。

當太陽從東方上升時，它的動作由緩而快，它那漂亮的動作，優雅從容的態度，正象徵著它的傲氣和雅氣，俗語說：「初生之犢不畏虎」，眞是恰合其景，它純潔無邪，彷彿睥睨世上的一切，它露出笑臉，放出五彩的光芒，只爲顯示其來自另一空間的優勢，它像是睡飽了的嬰兒，本能的尋求報答的機會，它願意努力工作，爲人類服務，因此它象徵著活動；它又是力量的來源，因此它象徵著權力；地上的一切因它而生存，它象徵著支配；它帶來一切的始動，因此它象徵著希望；它不停的向上爬升，象徵著發展；最後它代表人類的慾望——擴張的慾望。

東南（辰、巽、巳）

東南方是太陽漸漸趨於旺盛的地方，代表著成長，引申出來就是：努力、充實、積極、實踐。

我們知道，生命體作用的形式，會因物質或精神環境改變而改變，生命體運作的過程，並非固定，而是一種形式的繼續變化，一直到某一形式，或者就純易學的觀點來說，就是命運的結果。當我們特別把某一種形式，或稱某一種結果提出時，自然覺得與以前的形式有所不同，也可以說是前一形式變化的結果。而且我們自始即認爲前者變化到後者，乃由於後者有一特殊力量，例如太陽的光、熱度之增加，而這一串繼續不斷的歷程——太陽由東到東南、南……到西方落下，每一形式的出現，都是以前變化的結果和環境的影響，再一次以新形式展現出來。生命力量與物質力量同樣是無窮的，在無窮大的物質世界裏，也會存在著無窮無盡廣大的生命反映力。

當太陽由東方升起後，一直的往上升，當它到達東南方位時，它已經不再是初生之犢了，它代表了另一種境界，它的光、熱度，說明它已經成長了，而且非常穩定的、充滿自信心的向前邁進，像是一個青少年，充滿著理想和憧憬，因此它的光線是輕快的、柔和的，象徵著成長；它的活力和光熱，象徵著積極；不停向前邁進的精神和接受其他挑戰的毅力，象徵著努力；接受著來自前一方位變化的結果和現在環境的變化，象徵著充實；不停的吸收、不停的壯大，象徵著實踐，最後它代表了人類——成長的決心。

南方（丙、午、丁）

南方是日正當中，陽光最盛的方向，代表著成熟，引申出來就是：衝動、勇氣、決斷、旺盛。

生命體的形式不停的在變化，成熟的稻穀和成熟的人類並沒有什麼不同，它或他們都表現出豐滿的姿態，當自然環境和我們相流通時，就好像一股河流，不能加以截斷，也好像南方部位的陽光一樣，無法加以阻擋。它的光輝和熱度造成一個富有衝擊性的自然環境，也影響了地上的一切。這是一種無法逾越的環境。

從東方到東南到南方，太陽成熟了，就像一個人從幼兒到青少年到加冠之年，成熟的樣態，象徵著權威；強烈的光、熱，象徵著勇氣；直接的照射，象徵著決斷；不定的範疇，象徵著衝動，最後它代表了人類的毅力——渾圓而有力的精神。

西南方（未、坤、申）

下午太陽偏西，光、熱度降低，代表著停止，引申出來的話就是：休息、憂鬱、閃爍、神經質。

午後的太陽多具有奇妙的變化，有時強、有時弱，甚至受到雲量的影響，而讓人捉摸不定，俗語說：「天道好還，物極必反」，盈有其虛、長有其消、勝有其敗，所以由旺盛之時必隱藏著衰退之徵兆，「事物無成，禍變不已」，停止性的成長，也就是要致其於死亡而衍生他物，太陽的減弱變化，正是順此原則，易傳云：「日往則月來，月往則日來，日月相推而明生焉。寒往則暑來，暑往則寒來，寒暑相推而歲成焉。」人生也是一樣，必定是順、逆境摻半，只不過是某些人能化險為夷、泰然處之，某些人由於他本身的結構，而被排於貴、富之門罷了，自然界變化之有常，豈不是人類運勢有常的明證？

人果眞能持盈保泰，循常軌而行，那麼進退有一定節度，禍福就有定數，否則暴進暴退，就像西南方位的陽光般，時強時弱，象徵著抑鬱；揮洒不能自如，象徵著神經質；黯淡的光彩，象徵著閃爍；薄弱的氣勢，象徵著停止，最後它代表了恐怖的惡運——失敗和死亡。

西方（庚、酉、辛）

這是太陽落下的方位，日薄西山的時刻，代表著寒冷，引申出來就是：平息、和諧、享受、安樂。

這是陽光完全止息的方位，大地一下子變得寒冷，溫度下降好多，進銳退速，是其最好的寫照，就好像一個人從幼小時到青少年時，採用加速度的成長方式，等到由壯年變爲老年時，又採用一種加速衰退的方式。俗語說：「夕陽無限好，又是近黃昏。」一種燦爛輝煌的跟隨者，總是一片平息，所以說，創業難，守成更難，現有的東西我們無法掌握，就像流水握不住一般，你不願讓它逝去，它却不聽你的呼喚。

將逝的陽光，象徵著平息；美麗的晚景，象徵著享受；柔細的光線，象徵著和諧；揮不去的停留，象徵著安樂，最後它代表了疲倦——人類追求的止息。

西北方（戌、乾、亥）

太陽沒入了大地，是收取果實的時刻，它代表著收穫，引申出來就是：收藏、保有、內激力、具體。

倦鳥都知道歸巢，人類何嘗沒有歸去的心？當太陽沉到地裏時，就象徵著一切都回到了大地—那蘊藏萬物個體的地方，工作的人類，此時懷抱著的是他工作的成果。天空一下子顯得黯然無光，但是在黑暗裏，又有一些屬於黑暗的物體在活動著，這給予西北方一種雙重的特性，它銜接著光明和黑暗，無論是光明或黑暗都帶來了它們獨特的性質，在中和、矛盾、衝突中，蘊藏了這個方位的特色。

大地在西方吞沒了太陽，象徵著各種結果，例如名、利的收藏與保有，收斂了的陽光，象徵著收穫；黑暗中的動性，象徵著內激力；光明黑暗的交接，象徵著具體，最後它代表了渾一——名、利的保有體。

北方（壬、子、癸）

這是冬夜的表徵，兼具著黑暗和寒冷兩種性質，它代表著黑暗，引申出來就是：陰沉、消極、思考、不安。

生命的活動，並不全在於其本身，而在其生命與環境的關連，黑暗的環境所給予的是一種冥想的心思，一股難以引發的潛力，以及一陣難以揮去的不安。好像一個人由幼年到青少年到成年、壯年，以至於今的老年，那種忐忑不安的心情，好像怕被黑夜吞沒了一般，深怕將來走到了世界的盡頭，當生命力不再發生作用時，將更加被寒冷所包圍。黑暗彷彿是一個罪惡的淵數，代表著重重的阻礙和層層的難關。

寒冷的氣息，象徵著陰沉；不變的寂靜，象徵著消極；漫長的深夜，象徵著不安，淒清的長夜；象徵著思潮，最後它代表了障礙——人類的磨刀石。

東北方（丑、艮、寅）

黑夜與黎明的交接，正義與邪惡的融和，俗稱「鬼門」，它代表著變化，引申出來就是：前進、繼承、活動、安撫、生存。

事物遵循一定的律則，而改變其前後狀態，這個律則在何處？恐怕至今無人能解，我們所知道只是它的結果，但是推其原因，則眞理未明。當黑暗漸逝，黎明將要來臨之時，必有大變化，這種大變化嚴重的影響到每一件事物的運行，生命的活動實際上受到主宰，沒有一種能力能破除這層外在的限制，有些人不相信宿命，但是事實上就是如此罷了，黎明時強烈的變化，暗示著一種新的嚐試，以及新的展望。

舊的不去，新的不來，東北方象徵著一種嶄新的事業；度過黑暗就是黎明的信念，象徵著一種生存的意志力；日日太陽應時而出，象徵著一種繼承的概念；破曉之時，萬物醒起，象徵著活動之始，最後它代表生命——人類的存續。

第三章～屋向宅位原理

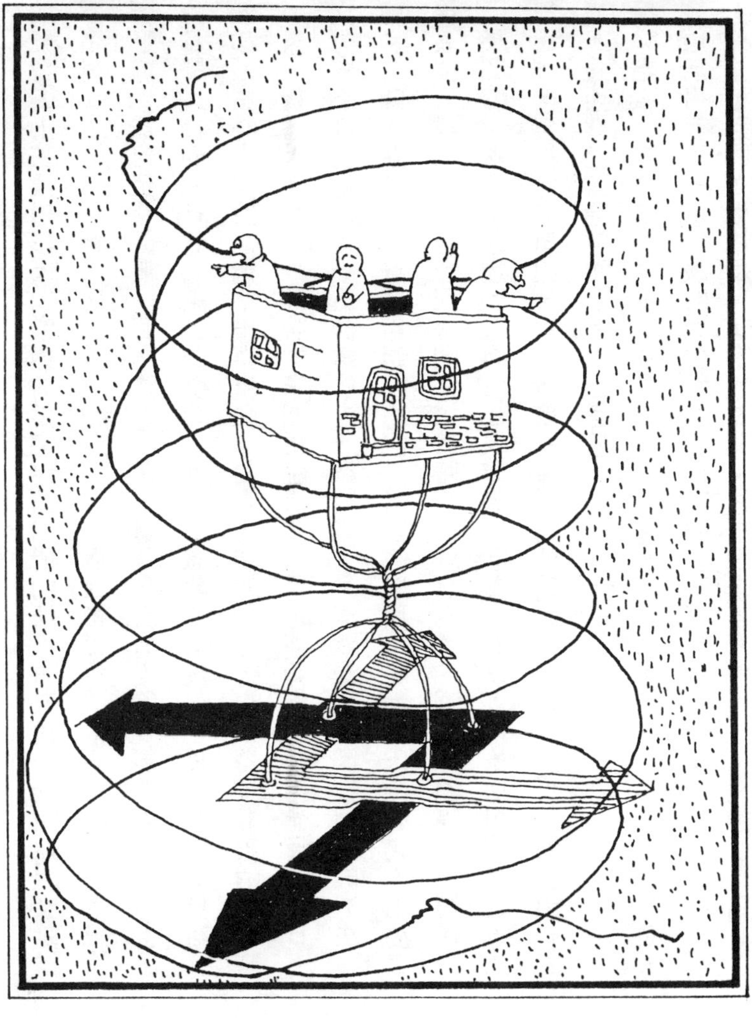

現代學者或社會人士甚或相學家，常感於陽宅理論說明的缺乏，又無一套完備的文獻以供參考，甚而穿鑿附會，引用荒誕無稽之說，殊爲可悲，概自黃帝發明指南車始，陽宅或陰宅之學說即逐漸形成，爲何至今仍無一套完整的說明，這是我們的責任。創造更美好的生活，本是全人類的目標，我們今日若忽視這門學問，無異是置我們的後代子孫於黑暗的樊籠之中，他們將不知如何去尋求開門之鑰？不僅辜負了前人構造的苦心，也浪費了有限的生命時間，俗語說：「去一椿而天下亮」，即盼大家能正視這門學科，期待著它發揚光大的一日。

學說的建立方式不外有二種：一爲演繹法，一爲歸納法。演繹法是從因推到果的方法，必須因果間有確實的關係存在，才好使用這種方法；歸納法則採由果推到因的方式，由於這門學問中斷了很長的一段時間，很多因果關係由於時代和社會背景、文化的差異，已經產生了許多變化，因果間的距離愈來愈遠，我們已經很難加以掌握，所以本章多採用演繹的方式，先將原理整理出來，再推究其原因，以下所要敍述的，即是本書的骨幹，也是因前創新的說明，疏漏之處，在所難免，還望讀者多加指正。

本章主要採陽宅六十四方位，來說明其吉凶運作，這是一種基本原則，其適用性是多方面的，讀者可自由活用。下一章所談的「六十四方位吉凶」，來判斷屋向及宅位的吉凶。至於其方位的測量，則可參照「陽宅六十四卦方位圖」中的各卦座標。

陽宅六十四卦方位圖

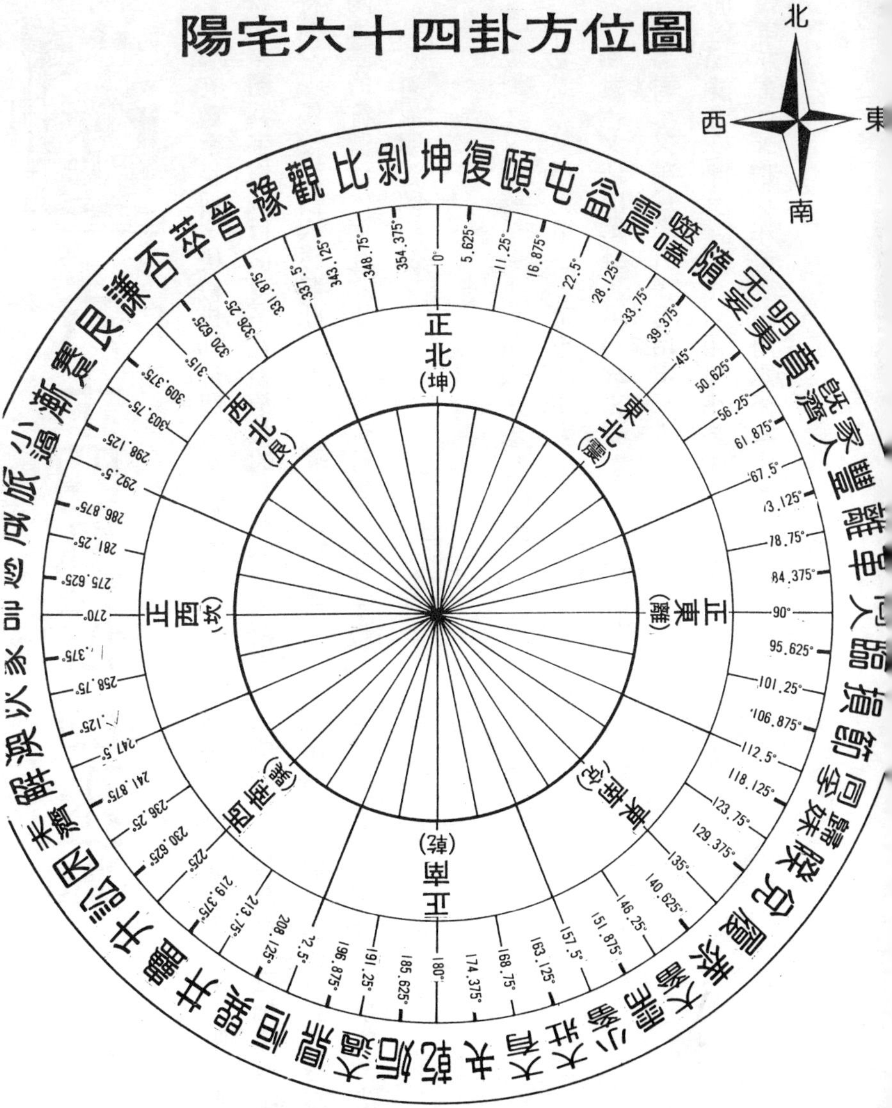

六十四卦位的來源

遠在數千年前，伏羲氏即仰觀天文，俯察地理，遠取諸物，近取諸身，用陰、陽兩個符號，來顯其宇宙流行演變，互爲消長的基本原則，遂畫成八個卦（每個卦皆有三個陽或陰的符號）。俟後，後人再將此八個卦，互相兩兩重疊，而演變出六十四個卦來（每卦皆有六個陽或陰的符號），而此六十四個卦皆可表示著動態體，其足以說明人事間的變動事項及法則，其亦可說明吉凶狀況。

八卦：

乾卦，又稱乾單卦，可用天來表示。

兌卦，又稱兌單卦，可用澤來表示。

離卦，又稱離單卦，可用火來表示。

震卦，又稱震單卦，可用雷來表示。

巽卦，又稱巽單卦，可用風來表示。

坎卦，又稱坎單卦，可用水來表示。

艮卦，又稱艮單卦，可用山來表示。

坤卦，又稱坤單卦，可用地來表示。

若將此八個單卦，互相重疊，則可成立六十四個卦（通稱重卦），如表所示：

上卦／下卦	坤位	艮位	坎位	巽位	震位	離位	兌位	乾位
乾	地天泰	山天大畜	水天需	風天小畜	雷天大壯	火天大有	澤天夬	乾爲天
兌	地澤臨	山澤損	水澤節	風澤中孚	雷澤歸妹	火澤睽	兌爲澤	天澤履
離	地火明夷	山水賁	水火既濟	風火家人	雷火豐	離爲火	澤火革	天火同人
震	地雷復	山雷頤	水雷屯	風雷益	震爲雷	火雷噬嗑	澤雷隨	天雷无妄
巽	地風升	山風蠱	水風井	巽爲豐	雷風恒	火風鼎	澤風大過	天風姤
坎	地水師	山水蒙	坎爲水	風水渙	雷水解	火水未濟	澤水困	天水訟
艮	地山謙	艮爲山	水山蹇	風山漸	雷山小過	火山旅	澤山咸	天山遯
坤	坤爲地	山地剝	水地比	風地觀	雷地豫	火地晉	澤地萃	天地否

從上表中，即可發現到每一個重卦，皆是由兩個單卦所疊合成，例如：水火既濟卦，即是由坎單卦和離單卦所疊合成，而坎單卦位居上卦，而離單卦則位居下卦，又如風雷益卦，是由巽單卦和震單卦所疊合成，而巽單卦位居上卦，震單卦位居下卦。

於此，將六十四卦繪製成一個圓周圖，並且給予方位，則可成立六十四卦方位圖，如陽宅六十四卦方位圖所示。

六十四卦位的用途

根據六十四卦所繪製的陽宅六十四卦方位圖，已標示在前面，讀者可就圖中的指示刻度，求出您所居住的屋宅，有關的方位，至於六十四卦位在屋向宅位學裡，其所使用的用途範圍在何處，則可依下列幾點說明：

1. 辨識屋向的方位
2. 辨識宅位的方位
3. 辨識宅內各隔間的方位
4. 辨識大門方位

5.辨識各隔間門方位。

以上五點即爲辨識屋相宅位裡的重要課題，而其各方位的吉凶，是藉著六十四卦位的吉凶來作說明（詳見下章），祇要讀者能察鑑所處屋宅的有關方位（即以上各種方位），則不難瞭解己身所處的吉凶狀況，以下諸款，即在說明以上五點的內容。

一、屋向方位的辨識

在第二章裡，曾論及到屋向的問題，於此，我們祇要將陽宅六十四卦方位圖，置於該屋宅通光最多部分的垂直線上，即可測量出該屋宅屋向在六十四方位圖中，居何方位，如下頁圖所示。

從其圖中，可知道該屋宅通光最多的部份是陽台，故欲測量該屋宅的屋向，得將六十四卦方位圖，置於其垂直線上，依羅盤或指南針上的度數，大約測量出該垂直線上的方位爲何方位，而此垂直線在羅盤或指南針上的方位，即是該屋宅屋向的方位。

至於該屋向方位的吉凶，則可查閱第四章所言的「六十四方位吉凶」，則可獲知。

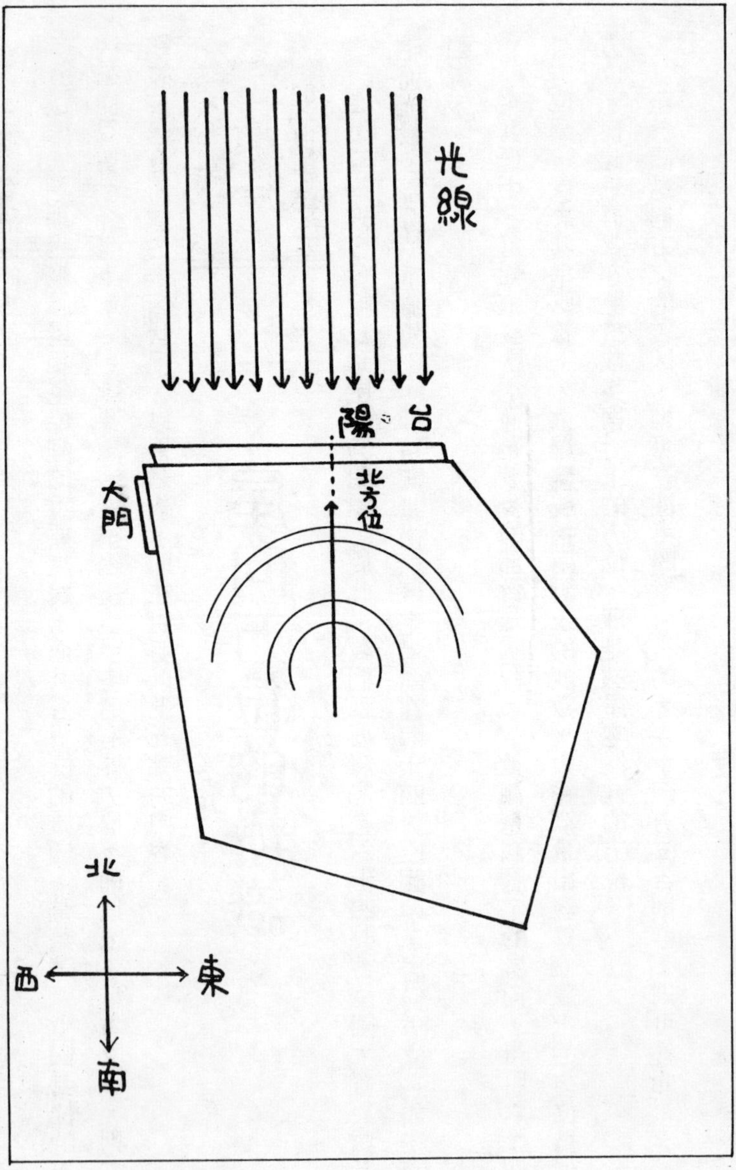
光線
陽台
北方位
大門
北
西
東
南

二、宅位方向的辨識

所謂宅位，即指著玄關與屋宅中心點的連線，所形成的方位，至於其方位的辨識，則可將陽宅六十四卦方位圖，置於屋宅的中心點上，而依羅盤或指南針對該連線所指示的方位為何方位，如下頁圖所示。

從其圖中，可知道該屋宅為一長方形的屋宅，其中心點該為兩條對角線的中心點，故欲測量該屋宅的宅位方向，則祇要將羅盤或指南針置於該屋宅的中心點上，觀其玄關的方向為何角度，然後在參照陽宅六十四卦方位圖，即可獲知該宅位所屬的方位。例圖中的宅位方向為大畜方位。

至於該宅位方向的吉凶，則可參閱第四章所言的「六十四位吉凶」，則可曉然。

三、宅內各隔間方位的辨識

關於宅內各隔間方位的測量法，則可仿照第二款項中的宅位方向測量法來處理，祇不過

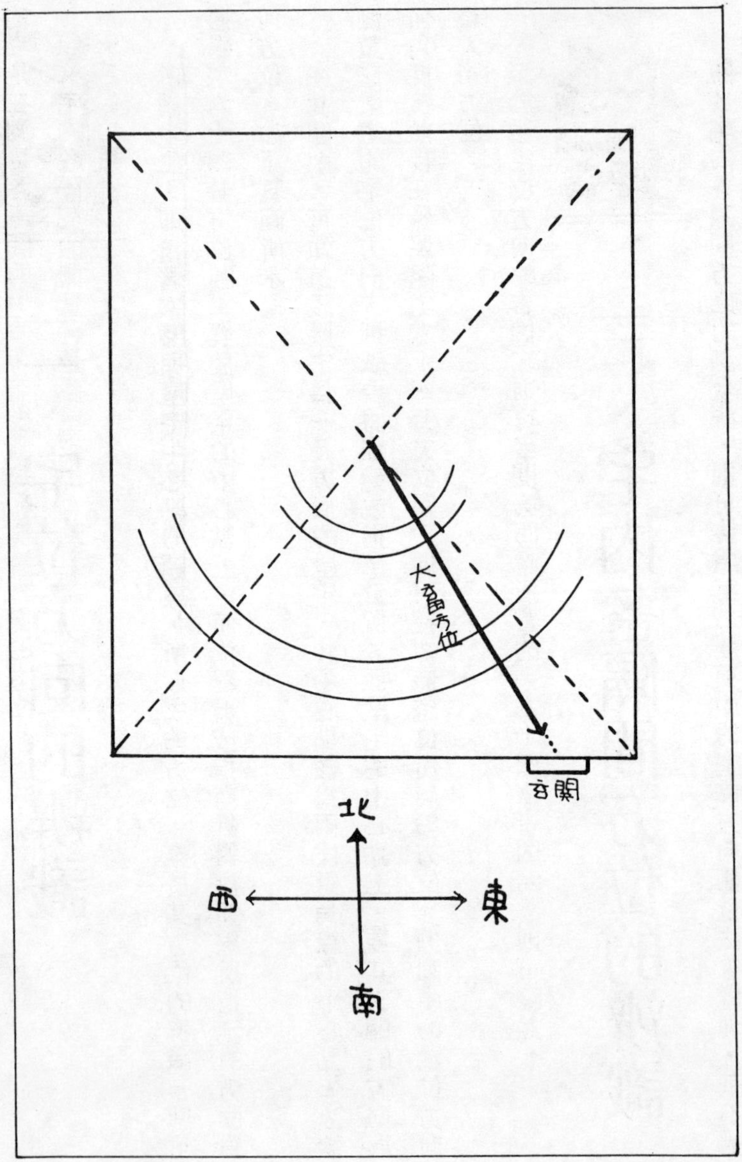
大畜方位
玄關
北
西
東
南

前者是在測量各隔間的方位，而後者却在測量玄關的方位。

又宅內各隔間的測量，是將屋宅中心點與各隔間的中心點連線，所形成的方位，而以六十四卦方位圖表示出，如下頁圖所示。

從其圖中，可發現該屋宅的中心點爲M點，又該屋宅被隔成七間，分別爲客廳、廚房、浴室（含厠所）、A室、B室、C室、D室，而此七間的中心點又分別爲E點、F點、G點、A點、B點、C點、及D點。於此，若將屋宅的中心點M點，與各隔間的中心點相連接，則可分別形成七個方位，則我們可將羅盤或指南針置於屋宅中心點上，觀查各隔間在六十四卦方位圖上。所指示出的方位，依圖面說明，則：

客廳在旅方位。

廚房在夬方位。

浴室及厠所在泰方位。

A室在晉方位。

B室在无妄方位。

C室在革方位。

D室在蠱方位。

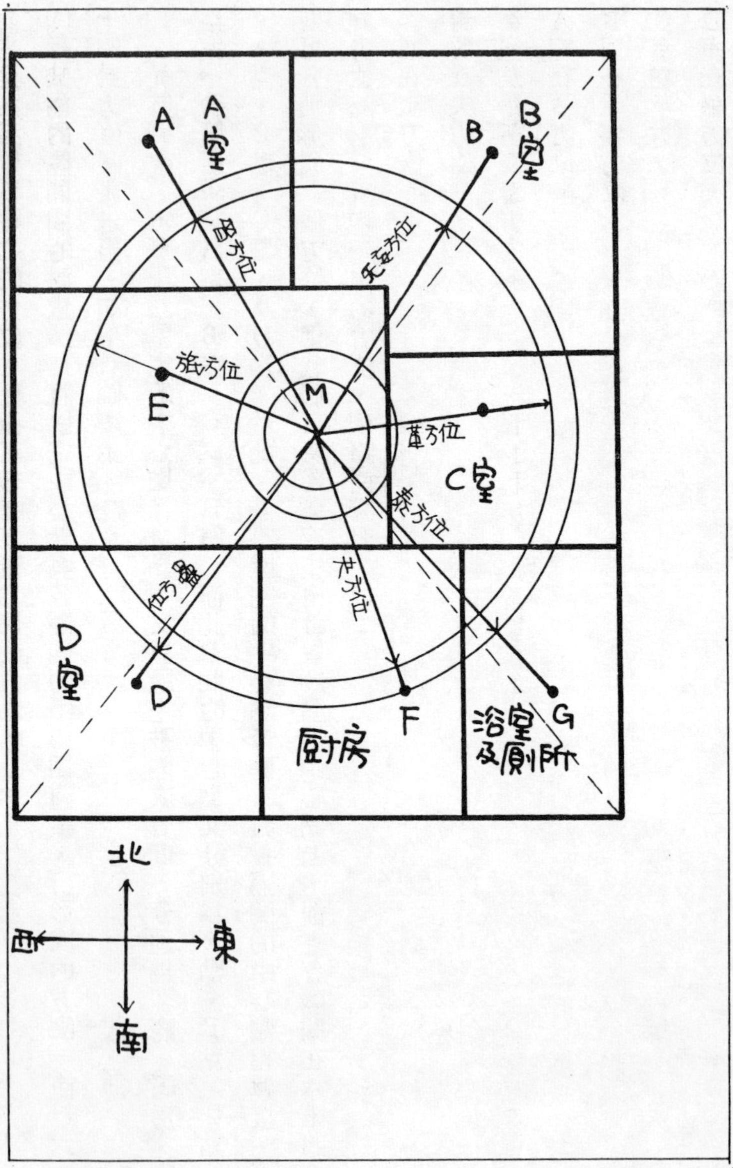
A室
B室
C室
D室
A
B
D
E
F
G
M
旅方位
革方位
夬方位
廚房
浴室及廁所
北
南
東
西

至於各隔間中心點的求法，則可依此下兩法求得，說明如下：

(A)無缺滿的隔間中心點求法

於此，可先繪製屋宅內各隔間的平面圖，如左圖所示

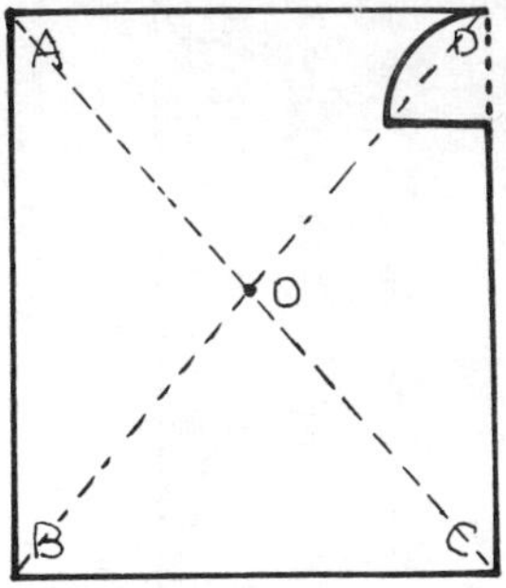

隔間中心點的求法

若有ABCD四邊形隔間，入口開於口角（此時之口角，請注意並非為缺），作$\overline{AC}$線段、$\overline{BD}$線段，相交於一點O，此時O點即為隔間之中心點。

(B)有缺滿的隔間中心點求法

基於現代家庭愈來愈注重空間的利用，以及室內的設計，因此，許多設備都被隱藏起來了，隱藏成了一句最新流行的名詞，例如：隱藏性麥克風、隱藏式床鋪、隱藏式壁櫥、隱藏式……等等，不勝枚舉，甚麼東西都隱藏了之後，看起來似乎清爽很多，但是也將危機埋藏在不可知的處所，有利也有弊，其間的價值或效用實在難以計算比較。各種東西隱藏之後，勢必要加寬內壁的厚度，而使隔間的面積縮小，原來的中心點也會改變，轉變的方法是將其

視爲缺或滿，然後按照前面所提缺、滿中心點的求法，算出改變後的中心點。

如左圖，CDEK四邊形爲滿，利用缺滿平均法，使CBDJ四邊形的面積約等於ABKI四邊形的面積之後，再做出$\overline{AF}$、$\overline{HJ}$兩條線，交於O點，則此O點即爲所求。

一般建築業者所繪製之平面圖，並無如此詳盡的說明，端賴讀者自己的觀察和判斷。

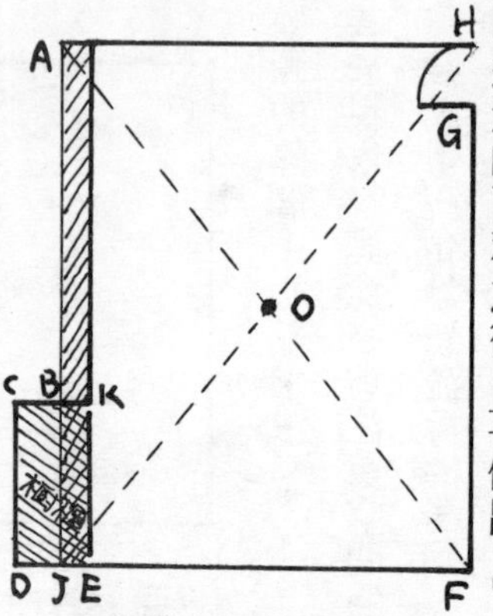

隔間滿時的中心點求法

現代的建築業者多努力在隔間的材料上、裝飾上花心思，而不重視它的方位關係，就好像是在一層敗壞的泥土牆上敷上一層水泥，只求文飾，也不管實際的效果如何，等到居住的人住了一段時間之後，就露出它敗壞的特性，要求好，就必須要澈底去做，不能只做表面功夫，漂亮的傢俱、美觀的裝潢，可以給人一種新鮮的印象，但方位的影響，却關係著一生的重大事件。

關於宅內各隔間方位的吉凶，則可查閱第四章裡所言的「六十四方位吉凶」，裡頭有詳盡的說明，惟需注意者，乃因各隔間皆有其適當的用途，當讀者在查閱「六十四方位吉凶」時，須配合本身屋宅中各個隔間的用途，例如該隔間爲夫妻的主臥房，則須先求出該主臥房屬何方位，然後再查閱「六十四方位吉凶」表中該方位的吉凶，又因該方位所說明的吉凶對象甚多，此時該選擇最恰當的一個，例如婚姻一欄。又如您的屋宅是兼有營業辦公，那麼客廳即是營業辦公的地方，故客廳該方位的吉凶，應查閱賺錢運與營業兩欄。又如飲食衞生之源，乃在於厨房、浴室及厠所，故對於厨房、浴室及厠所所屬方位吉凶的判斷，該查閱疾病一欄。倘若您家的寶寶正值考試期間，那麼他的書房（或房間），該方位的吉凶，該查閱考試一欄。

四、大門方位的辨識

所謂大門的方位，即指著大門中心點與屋宅中心點連線，所形成的方位言，其方位的測量法，如同宅內各隔間方位的測量法般，可將羅盤或指南針，置於屋宅的中心點，然後延線求出該方位在六十四卦方位中，居何方位，如下圖所示：

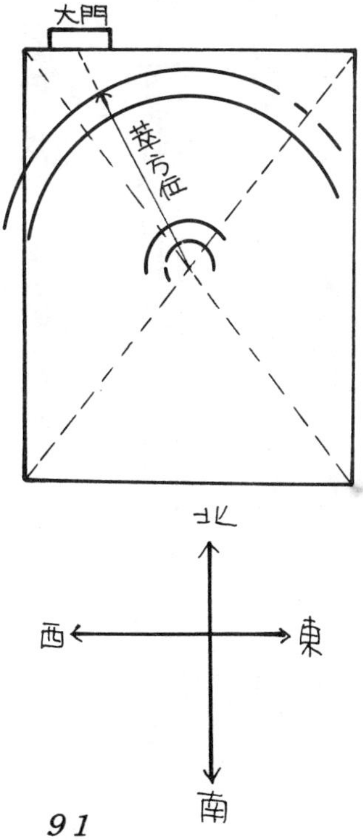

上頁圖所示，屋宅的中心點與大門中心點的連線，所形成的方位是萃方位。

五、各個隔間的門方位辨識

至於各個隔間的門方位求法，則可參照大門方位的求法求出，祇不過前者爲一個小隔間，而後者則是一個大屋宅。前者乃是由隔間的中心點，與該隔間的門中心點連線，所形成的方位，而後者是以屋宅中心點與該屋宅門的中心點連線，所形成的方位，茲以圖示，來說明隔間的門方位。

從左圖中可得知，該隔間的中心點與該隔間的門中心點，所連成的方位是賁方位。

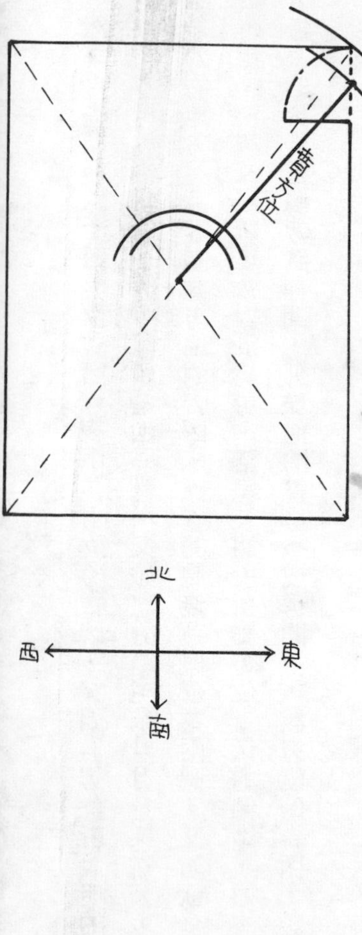

從上面裡，已經充分得知屋宅內的有關方位求法，既然我們已知道各部份所屬的方位，那麼它們的吉凶效果又如何，它們之間是否有影響性呢？關於此些問題，則可從幾方面來敘述。

各方位所引起的吉凶效果

無論何棟住宅，內觀承受影響力最大者，無非是屋向與宅位此兩個因素，而屋向對該屋宅所產生的影響效果，尤大於宅向，祇不過當我們在鑑定該屋宅的吉凶效果時，往往同時考慮到此兩個因素，那是因爲宅向往往會影響到屋向本身的吉凶程度（請參閱第伍章的屋向玄關相關表），故當我們從事鑑定一座屋宅的吉凶程度時，是不能僅依屋向來作判斷，同時要兼看宅位，而第伍章的屋向玄關相關表，即在說明屋向和宅位分別在某兩個方位時，所產生的吉凶配合作用（宅位方位又可稱爲玄關方位），且憑藉著此一配合作用，來定出該屋宅的吉凶程度。

就屋宅的外觀而言，其所受最大的影響力，乃是外圍環境，就其吉凶效果程度而言，外觀環境該是大於屋宅的內觀環境（屋向與宅位所產生的複合作用），但內觀環境的吉凶，却能沖淡外觀環境的吉凶。換言之，當外觀環境甚凶時，若有良好的內觀環境搭配，則此屋宅仍不致於太凶，反之，當外觀環境甚吉時，若逢到甚凶的內觀環境來破壞，則此屋宅尚不能以吉論。又內觀環境有助長外觀環境的吉凶，例如外觀環境甚凶時，若再逢到內觀環境的凶相，則此屋宅必然大凶，反之，外觀環境屬吉時，再若逢到內觀環境又爲吉，則此屋宅爲美上加美之兆，總之，內觀環境是與外觀環境相輔相成。

至於屋向與宅位（內觀環境）對屋宅的影響性大小，則必須參閱第伍章所談的屋向與玄關的相關吉凶表，方能定出該屋宅的吉凶狀況。又屋向與宅位所論及的吉凶對象，是包含第肆章所談的各欄表，例婚姻、戀愛、家庭運、賺錢運、壽命、疾病、糾紛、考試、營業等。

一、各隔間方位的影響力

基於各隔間所使用的性質不一，故其對當事者所產生的影響力，僅能就其被使用的特殊性質來決定，意即其影響的對象，僅能依其本身受使用的特性而決定，例如新婚夫婦的臥房，其對該夫婦，僅能有婚姻或家庭運的影響力，但對該夫婦却不能夠產生事業。疾病或營業上的影響力，此點讀者宜特別注意。

各個隔間的方位，既然能對當事者產生某種效果的影響力，故其間接地也能對屋向與宅位產生相類同的影響力，所以，當我們在判斷某一屋宅某方面的吉凶時，要同時考慮到各個隔間方位所產生的效果。就其影響的對象而言，若屋向與宅位皆為凶，但其本身的方位甚佳，則其所影響的對象不能以凶推，又如屋向與宅位皆為吉，但其本身所處的方位甚凶，則其所影響的對象，不能以吉論。由此可知，就其所專屬影響的對象看來，各個隔間的影響力是大於屋相與宅位在此對象的影響力。

二、大門方位的影響力

由於大門本身所處的位置，僅是該屋宅的出入口，故其方位所產生的效力，僅在調節或增減屋向與宅位的吉凶效力。換言之，當大門方位為吉方位時，則其能調節該屋向與宅位的凶性，反之，其為凶方位時，則其能減損該屋向與宅位的吉性。所以，大門方位的影響力，僅能對該屋宅的屋向與宅位產生影響力，其如同屋向與宅位的輔助星，但其本身卻無法對當事者產生吉凶作用，其僅能先對屋向宅位產生作用，後再由屋向宅位對當事者產生作用。

三、隔間門方位的影響力

至於隔間門方位的影響力，猶如大門方位的影響力般，其本身並不能直接對當事者產生作用，其需透過隔間方位的影響力，而間接影響當事者。故其能調節或增減該隔間方位的吉凶效力。換言之，當隔間門方位爲吉方位時，則其能調節該隔間方位的凶性，又其能助長該隔間方位的吉性，反之，當隔間門方位爲凶方位時，則其能減損所屬隔間方位的吉性，又能助長其所屬隔間方位的凶性。

影響效力總說

由以上論點中，即可發現各個類別的方位，皆有其特屬的影響效力，而其中對當事者有直接影響效果者的有：

1. 屋向的方位
2. 宅位的方位

3.各個隔間的方位

而其中對當事者有間接影響效果者的有：

1.大門的方位

2.各個隔間門的方位

茲以方位影響效力圖，總說明於後：

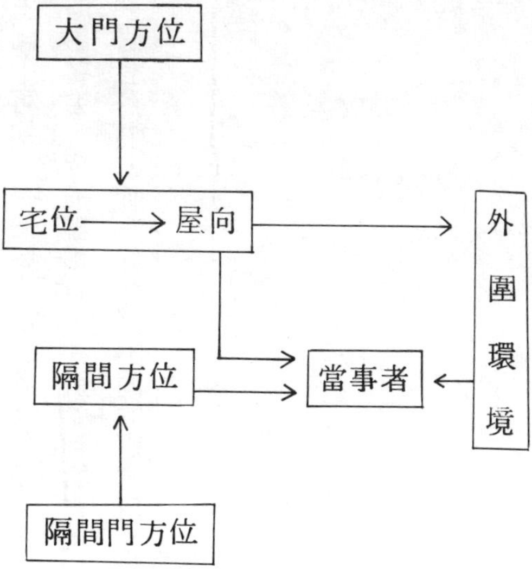

方位影響效力圖

由上圖中可知，一個屋宅中的各個份子，因其受該屋宅中有關性的方位所影響，故其所遭受到的影響力，皆不盡相同，其所受到的吉凶類別及程度效果亦不一，這也就是爲什麼同樣住在一個屋宅中，所造就命運不同的原因所在。

第四章～
六十四方位吉凶

當座向爲乾方位

1、婚姻：居於此方位之夫妻，感情很好，尤其是新婚夫婦之新房，若能設於此一方位，則一生婚姻生活美滿，夫妻間洋溢著甜蜜溫馨的情調。

2、戀愛：對於女性居住者而言，往往會因理想過高，而尋不到適當對象，至於男性則容易受挫，往往和女方中途分手，所以宜另擇艮居。

3、家庭運：位於此方位之家庭，幸福美滿，盛大興隆，擁有極大的家庭向心力和團結性，造成家庭聲勢蒸蒸日上，惟子女成年時，須注意經濟方面的問題，否則容易導致中途衰敗。

4、賺錢運：此方位之財氣通，所以錢財必會滾滾而來，足致富的艮位。

5、壽命：此方位適於老年人居住，對其健康有益，若再加上能注意衞生之道，則八、九十歲沒有問題。

6、疾病：此方位所暗示的疾病爲頭部和胸部，因此對於年青人，極爲不利，因爲呼吸不能暢達適必影响思考，所以此方位不適合青年人。

7、糾紛：居住於乾方位而有訴訟事件發生時，若爲被訴，則有可能獲勝，若爲自訴，則宜趁早移個方位。

8、考試：乾方位試運奇佳，居住在這種方位的子女，個個都是成績良好，學業上由高中聯考到大專聯考，一帆風順。

9、營業：營利事業位於此方位者，可以賺小錢，大錢則賺不著。選辦公室於此方位者，僅能維持現狀，不能有大發展。

當座向爲坤方位

1、婚姻：位於坤方位之夫妻，相處時將不太如意，即常會發生口角，而導致彼此的不愉快，是爲凶相。

2、戀愛：住在坤方位的戀愛中的男女，不易成其美事，宜與家人調換至其他方位之房間。

3、家庭運：坤方位的家庭，家運多不昌隆，即不能樹立門風，沒有顯赫的名聲，亦無卓越的成就。

4、賺錢運：此方位之家庭，必常發生經濟上的問題，而投資的事業，只見損失不見獲利。

5、壽命：此方位之居住者，身體多爲虛弱，不適合老年人居住。

6、疾病：此方位易染患的疾病多在腹部，情況不致嚴重，但是一種慢性疾病，家人若有罹患腹部方面的疾病者，宜速遷移爲佳。

7、糾紛：坤方位之居住者，若與人發生糾紛而致訴訟時，多爲不利之結果，若爲事業緣故，必須時時和人發生糾紛，則須另尋屋宅，否則吃虧的必是自己。

8、考試：青少年人居於此方位之屋宅，雖不會名落孫山，但是成績無法突出，對考試不利，若値聯考關鍵之時，宜另遷佳宅。

9、營業：選擇營利處所或辦公室於坤方位時，有破財之相，只見時機空逝，錢財却過門不入，宜另遷處所。

當座向爲屯方位

1、婚姻：位於此方位之夫妻，磨擦此起彼落，連綿不絕，充滿戲劇性趣味，却不知是受方位之影響。

2、戀愛：女性居住者，不易獲得男性的追求，男性居住者則易受女性的拒絕，故此方位之男女於婚、戀之情事上，多不易成功。

3、家庭運：此方位之家庭，多為勞苦之家，好不容易以勞動建立起的基礎，很快的會被另一次事件打碎，此方位之家庭運勢其差。

4、賺錢運：各種獲利的來源均不如意，此方位所暗示的，即為去多進少，若再狂亂投資，必致破產之惡運而後止。

5、壽命：屯方位之屋宅對幼兒不利，恐多夭折，嬰兒房不宜設於此方位。

6、疾病：此方位易罹患之疾病多屬耳、鼻、心臟、腎臟方面之疾病，本身這些器官即處於不佳狀況者，更不宜居於此方位之屋宅。

7、糾紛：居於此方位之屋主，必常與人發生爭吵，可能因此而令全家處於不利的狀態，宜速他遷。

8、考試：此方位對於考試者而言，運氣奇差，每每名落孫山，還是搬離為妙。

9、營業：營利事業若在屯方位之屋宅，則無法開展，屬於保守的經營狀態，所以有發展雄心的老闆，最好能避免選擇屯方位的處所。

當座向為蒙方位

1、婚姻：居於此方位之夫妻，必定常常夫妻離散，各據一方，例如丈夫常常出差或妻子是職業婦女，而導致彼此間相處的時間很少。這是一種趨向，丈夫或妻子受到方位的影響而不願常待在家裏，遇有這種情況時，就可以考慮調整方位。

2、戀愛：此方位之男女，對於愛情，就像在霧裏看花一樣，缺乏勇氣去嘗試，只會終日幻想，終究不成好事，超過年齡警戒線時，就該及時考慮調換房間了。

3、家庭運：此方位之家庭問題多，子女有升學、愛情、就業的問題，家長有事業上的問題，故無法集中精神和力量，家庭無法昌達。

4、賺錢運：此方位之財運，非常不順利，雖有時機，但多不成功，宜速他遷。

5、壽命：住於此種方位者，多爲短命之相，故然與其本身之八字有關，然受方位氣勢之影響，亦會增減壽命。

6、疾病：此方位居住者所患之疾病，多屬腦部和下腹部的疾病，對子女多不利。

7、糾紛：此方位易於和同事間發生爭執，多爲職務上之情事，造成對職業昇遷上之不利，缺少人和。

8、考試：此方位之學生試運差，可說是屢試屢不中，家長若不知情，一直責罵亦不能奏效，宜另擇居處。

9、營業：亦屬無法發展的方位，事業是愈做愈大愈好，若沒有進步，一定會被淘汰。

當座向爲需方位

1、婚姻：大致上來說，居於此方位之夫妻，若無遷移，則由前到後，可以分成好幾階段，先苦後甘，漸至佳境，但新婚夫婦若居於此方位之屋宅，則需考慮其感情的穩固性，否則恐難持久。

2、戀愛：居於此方位之男女，談戀愛時就如同在跑迷你的馬拉松，有耐心就能達到終點。

3、家庭運：此方位爲多難之方位，故不求興隆而求安穩，不過有時此點亦難求，故對家庭而言，此種方位並不佳。

4、賺錢運：此方位能發小橫財，數目並不大，但長遠以來並無多大進益，故仍不利。

5、壽命：此方位對幼兒而言，較爲不利，但對老年人，則有保生養老的作風，較爲有利。

6、疾病：此方位易於罹患腸胃病或有關血液方面的疾病，不適合在此種方位設置病房，否則必爲常年臥於病榻，難以痊癒。

7、糾紛：此方位較不易與人發生爭吵糾紛情事，然須注意若發生時必對屋主不利，宜儘速與之和解，以化除惡運。

8、考試：此方位之試運，亦屬極不如意之一型，家中子弟之房間若設此方位，十之八九試場敗將。

9、營業：此方位不利營運，有虧本之象，若已投下巨資而又選於此方位時，宜更改其門之朝向。

當座向爲訟方位

1、婚姻：此方位之婚姻多不長久，夫妻可因各種原因而導致離異，即使一件小小的誤會，也會因此方位之因素，而被擴大爲離異成立的條件，不宜夫婦居住，請留意。

2、戀愛：此方位居住之男女，大致上對愛情都不夠誠意，女方是人盡可夫，男方是處處留情，故男女雙方若有機會觀察對方之居住所時，宜加以注意。

3、家庭運：家宅若爲訟方位，則終日家犬不寧，俗語說：家和萬事興，不和乃是家庭衰敗的先兆，此方位之家庭多勞碌，代代無法樹立門風。

4、賺錢運：此方位之錢財多外流，即投資招損之意，因此訟方位只適合奉公守法領固定薪之公務人員，不適合有大志的野心家居住。

5、壽命：此方位之居住者，有短命之相，所謂短命之相亦非言早夭，只是對身體極不利，或因走勞工路線而發生職業上之意外等，惡運惡果都是如此，因因果果循環不已。

6、疾病：訟方位對病情不利，故不適於設置病房，亦不適合設置老人房，對生之氣息有礙。

7、糾紛：訟方位易於與鄰居、同事間發生糾紛，若家中有長輩，則此類糾紛易於解決，若無恐釀成家庭大病，宜速他移。

8、考試：訟方位之試運，一如需方位，成績極差，但有可能擁有其他方面的才華，對於不志於求取功名之子弟，倒可以不去在意。

9、營業：此方位之營利事業多不成功，慘淡經營亦無結果，宜另尋新場所，或改變門向。

當座向爲師方位

1、婚姻：此方位之夫妻相處，問題百出，可說是三日一小吵，五日一大鬧，無法走完婚姻的全程。

2、戀愛：女方之居住者，多因家庭牽連因素而不能締造佳緣；男方之居住者，則因考慮太多，而對女性亦趨亦避。

3、家庭運：夫妻不合之方位，家庭亦是如此，無法產生家庭成員的向心力和團結性，自然無法形成興盛昌隆之象。

4、賺錢運：此方位之財運，多生障礙，無法一帆風順，不過，整體而言，還是進多於出。

5、壽命：不利於生氣之方位，屬於此方位之人，多感氣息不順暢，精神多不舒暢，故對生命而言，多屬不利，不宜設置幼兒房，以免成長受影響。

6、疾病：此方位之居住者易於罹患心臟或腹部等部位之疾病，且多一病不起，是一個不好的方位。

7、糾紛：此方位不易於和各方面引起爭執，是一個極封閉的方位，而且家主對於糾紛之解決多採相應不理的態度，這是方位的自然趨向，倒說不出一個所以然來。

8、考試：若配合個人的八字不差，則此方位之子弟多可過關，但成績並非頂尖，只算是中庸之才。

9、營業：師方位之營利事業，受環境影響極大，多變異性，大致而言，資金來源若很穩定，一般都能有所建樹，就方位而言還不算太壞。

當座向爲比方位

1、婚姻：此方位之婚姻爲百年好合之象，夫婦間如膠似漆，感情良好，新婚夫妻若能一開始即選此種方位之屋宅居住，則對於未來之婚姻生活，是一種巨大的保障。

2、戀愛：此方位之姻緣，極其順利，男女雙方，一經相識就如火如荼的展開攻勢，互相傾心，俗語說：「一見鍾情」，大概就是指屬於此方位之男女罷。

3、家庭運：此方位之家庭，是一個典型的模範之家，家庭氣氛極爲良好，一家人相處得非常愉快，家長的事業也非常順利，全家有一股向上的朝氣，這就是興盛成功的基礎，是一個極利於家庭的方位。

4、賺錢運：此方位之財運非常順利，財源滾滾而來，只要大運不錯，放手去做都能成功。

5、壽命：此方位之氣勢強，有助於老年人，居於此方位，有健康長壽之相。

6、疾病：此方位之疾病多爲輕微的病況，可以不用掛慮，必可自然痊癒。

7、糾紛：居於此方位之人家，不宜和人發生衝突，一旦發生爭執，多半對家主不利。

8、考試：此方位試運極佳，每一次考試都能得心應手，考試成績略高於中等，是家長望子成龍望女成鳳的好方位。

9、營業：有大氣象之方位，居此方位之營利事業，必可大展宏圖，爲做事業的吉方位。

當座向爲小畜方位

1、婚姻：小畜方位之夫妻，十對有九對終日以爭吵結束，家庭不和睦，宜另覓佳地。

2、戀愛：男女居住者，難遇良緣，與異性朋友之交往，就如蜻蜓點水般，當歲月虛度年華漸逝時，也就是遷居的時候了。

3、家庭運：小畜方位之家庭，亦呈不和之象，多方勞苦，怨聲四起，家運不昌，宜儘速他遷。

4、賺錢運：你會奇怪爲何你所經營或投資的事業，都碰上不景氣的時機，事實上，環境會影響個人，不是你專找過氣的行業投資，而是情不由己，所以仍以另覓居所爲佳。

5、壽命：小畜方位不利身體狀況，以不設老人房爲佳，否則將需花費心力去保護照顧，以防出事。

6、疾病：此方位易於染患的是慢性疾病，例如性病、腸胃病、心臟病，不易痊癒然亦無生命之危險。

7、糾紛：小畜方位之居住者，易轉爲難與人相處，一但發生糾紛，又很難平息，將造成大害，故不宜居於此方位。

8、考試：居於此方位之學生，無論用功或不用功，成績均無起色，宜另覓佳地。

9、營業：生利事業，居於小畜方位，難以致富，錢財猶如過路財神，來來去去無法固守，宜另尋處所，否則無法成功。

當座向爲履方位

1、婚姻：履方位對夫婦而言，好壞參半，好像平靜的河流中也會有幾處暗礁，不過整體而言，夫婦選擇這個方位來居住，也未嘗不可。

2、戀愛：履方位之男女居住者的戀愛狀況，可謂好事多磨，不過仍有成功的結果，不必太過掛慮。

3、家庭運：此方位之家運平凡，雖不會飛黃騰達，但亦不致於勞碌終生，社會上一般家庭都是此種方位。

4、賺錢運：猶如前述，此方位多爲普通一般之家庭，或多爲薪水階級，不致有太多的進益，然亦不會一敗塗地。

5、壽命：對幼年人不利，此方位的特性是較虛，因此幼年人不易長成，設置幼兒房應該加以避免。

6、疾病：履方位易於染患的疾病爲腦疾和肺病，病情易於趨向嚴重，不是養病的好方位。

7、糾紛：此方位易於和鄰居間發生大小衝突，而且一發不可收拾，如果不能避免此方位，則對於糾紛的態度應採平和的態度，以免釀成大禍。

8、考試：有一種學生成績不多不少，剛好在及格邊緣，搞得父母啼笑皆非，履方位之子弟就是此種類型，不想提心吊膽的父母，還是替子女換一個房間爲佳。

9、營業：此方位之經營事業，有困難阻碍在其中，不能有大發展，除非經營者本身之命理結構、心性皆適於發展，一般而言，多不會有大成就。

當座向爲泰方位

1、婚姻：夫妻位於此方位者，猶如姻緣天訂般的和諧，由新婚到兒孫滿堂，都能保持戀愛的熱誠，此方位所成就者就是快樂美滿的姻緣。

2、戀愛：居於乾方位之男女，較易和對方發生感情，而且喜歡全神貫注，大多能成就美好的佳偶。家中若有年長未嫁或未娶者，可將其換至此方位之房室，則必能有所結局。

3、家庭運：此方位之家庭，感情充塞在室內的各處，一家人同心協力，家運昌隆，事事順心。

4、賺錢運：此方位之財運高漲，只要有會運送資產之人，未有不獲利者，不論外在經濟景氣或不景氣，都可以獲取大量錢財。

5、壽命：乾方位氣勢旺，可保老年人健康長壽，是一個不可多得的好方位。

6、疾病：此方位可能染患之疾病多屬消化器官方面，因此若居於此方位時，須特別留心飲食習慣。

7、糾紛：乾方位之居住者對於事物有一套獨特的看法，因此容易和周遭的人發生爭執，若至無法忍受時，則需另覓處所，但爲其他方面之利益，應考慮加以忍讓和解了事。

8、考試：此方位居住之子弟，多能得到好成績，即不會發生很多意外事件而影響考試，例如遺失准考證等等，乾方位爲考試者難得之佳位，應多把握，善加利用。

9、營業：此方位乃爲大有可爲之方位，位於乾方位之營利事業，多有擴展的趨勢，行業欣欣向榮，永奠財基，宜把握機會，儘速發展。

當座向爲否方位

1、婚姻：否方位之夫妻必定走向離異的路線，家中經常鬧得雞犬不寧，若不想分離，最好另遷佳宅。

2、戀愛：男方之居住者，求愛時多被拒於門外，女方之居住者則無中意之對象，蹉跎之下，多變成老光棍和老處女，宜他遷或換個房位。

3、家庭運：否方位之家庭，家中火藥氣氛彌漫，自無向上努力之心，所以家運並不昌隆，多是窮困勞碌之家。

4、賺錢運：此方位之財運，多空竭，投資不得要領，或是薪水階級，由於家庭問題無法盡心工作，亦得不到老板賞識，爲金錢故，宜另覓佳地。

5、壽命：否位對幼兒不利，故幼兒若居於乾方位者，常發生許多不明的病症，夜裏啼哭不輟，宜將其另置房間，以免發生不測。

6、疾病：否位有加重病勢的趨向，生病之人不宜住於此方位之房間；此方位易於感染的部位是耳、鼻及呼吸器官。

7、糾紛：否方位不宜與人發生爭執或訴訟，否則家主多居失敗之方，爭吵對家主爲不利之象，所以個性易怒者，宜另遷家宅。

8、考試：試運不佳，乾方位之子弟，成績不佳，通常無法進級，可以將房位換一下，或可以締造佳績。

9、營業：否方位之事業，不能爬上高峯，開張時氣勢大，成績不錯，但後繼力不夠，宜更改門向。

當座向爲同人方位

1、婚姻：同人方位之夫妻，大多感情良好，夫妻間相敬如賓，是奠定家庭和樂的基石。

2、戀愛：男女居住者的戀愛過程中，多會經過長相思的階段，但多能結成良緣。

3、家庭運：此方位之家庭，生氣盎然，有成功之象，多得力於夫妻之和睦相處，是一個非常成功的家庭，一般社會上之模範家庭，即多出於此方位。

4、賺錢運：此方位可以獲大利，但須配合資本和時機，若有足夠的條件，則此方位可獲大利必無問題。方位是一個輔助條件，可以促成，但不能獨立成事。

5、壽命：此方位適於養病，可加強生之氣勢，老人房設於此方位，可保健康長壽。

6、疾病：所患之疾病就同人方位而言，多爲呼吸器官方面的病症，可以不必在意，除非是小孩需另換房位之外，仍然可以居住。

7、糾紛：同人方位易於和他人發生爭吵事件，遇到此類狀況時，同人方位之居住者，宜與他人和解，不宜力爭，否則將對己身不利。

8、考試：位於此方位之學生，皆能奪得好成績，是老師眼中的好學生，並非武斷，而是聰明者拿好成績自不容置疑，即是非至聰明者，亦能奮勉而擠進好學生之列。

9、營業：此方位有發展之吉象，營利事業位於此方位者多能以一賺十，以十賺百。

當座向爲大有方位

1、婚姻：此方位之夫妻感情多能融洽，相處愉快，是一個美好的姻緣。新婚夫妻宜選此種方位之屋宅居住。

2、戀愛：男性或女性居住者，可能因眼界太高而尋不到理想對象，這跟方位有關，宜將其房間更換，以免到頭來孤家寡人一個，就顯得悲哀了。

3、家庭運：此方位之家庭都能順利發達，子女孝順而且成功，家運欣欣向榮。

4、賺錢運：此方位有進財之運，然需配合個人的流年，不宜太冒險從事，稍微保守一點或許可以獲利更多。

5、壽命：大有方位適於老年人居住，可以延年益壽，幼兒則不宜居於此方位，恐有礙日後之成長發育。

6、疾病：此方位之居住者較常發現不明之高熱，易於染患肺部及腹部方面的疾病。

7、糾紛：大有方位之居住者，雖常易於和旁人發生衝突，但多能化險爲夷，爲家居生活憑添一段樂趣。

8、考試：居於此方位之子弟可以獲得的成績，然須防過度寵愛而招致的弊害。

9、營業：經營的處所屬於大有方位者，常年都能一帆風順，可以加以擴充，是一個很好的方位。

當座向爲謙方位

1、婚姻：居於此方位之夫妻，生活甜蜜美滿，是一對令人稱羨的佳偶，此方位之力量不小。

2、戀愛：此方位居住之男女，戀愛都是一見傾心，可喜可賀，難能一見的好姻緣。

3、家庭運：家庭一直在發展興盛，是謙方位的家庭的特徵，由於家中氣氛的和諧，自然有餘力集中在事業上發展，家庭聲勢蒸蒸日上。

4、賺錢運：此方位之錢財之聚積，就像積砂塔一樣，積少成多，雖然不是暴發戶，但却能得到同樣的結果。

5、壽命：此方位之中年人必過六十，老年人必過八十，有益於身心修養之方位。

6、疾病：此方位之居住者易於染患腹部及肺部方面的疾病，也會時常發生不明原因的高熱。

7、糾紛：居於謙方位之主婦，可能容易和鄰婦們起衝突，但並無多大妨礙。

8、考試：此方位居住之子弟，成績佳，考試運氣都不錯，雖然本身資質佔成績優良的大部分因素，但還需要有好的居住環境，好的方位來一起配合蘊釀。

9、營業：此方位之經營者，終其一生遇到的轉機不少，而且每次都能獲取一些利益，是一個不錯的方位。

當座向爲豫方位

1、婚姻：豫方位之夫妻，情感比較容易流放，所以彼此間的關係比較容易協調，所以豫方位之夫婦多爲成功婚姻的典型。

2、戀愛：此方位之男性居住者，由於受到方位的影響，比較趨向於我行我素，不易贏得女方的青睞，女性則多內向型，不願參加社交活動，因此此方位之男女可能會孤獨其一生，宜另覓房位。

3、家庭運：豫方位的家庭，生活上比較容易協調，家庭氣氛和樂，可以發展出很好的前途，家運可以蒸蒸日上，宜好好把握。

4、賺錢運：此方位之人，財運不壞，錢財可以保住，不易流失，所以投資的機會，必須把握。

5、壽命：此方位有益於身心健康，氣勢頗高，有助於看病之軀，可以做爲療養的房間和老人的臥房。

6、疾病：此方位之居住者不會得到致命之疾，但是小小的疾病要注意防治，這是住在這一方位的人應該注意的。

7、糾紛：此方位之男性居住者，爲事業上的關係易於和別人發生爭執，爭吵即凶，如果不能避免，應該換個方位。

8、考試：豫方位之子弟，可以得到不壞的成績，在努力之後可以更上一層樓，所以父母若有望子成龍、望女成鳳的心，可以將子女安置在豫方位的房屋。

9、營業：此爲可以求發展的方位之一，謀事者應該積極從事，尤其以得人爲急，可以有發展前途。

當座向爲隨方位

1、婚姻：此方位之夫妻，初始時大多能保新婚的甜蜜，但由於方位氣勢的關係，男性可能較容易向外發展，而有午妻、夜妻的名堂，爲人妻者若無法面面俱到時，就應該考慮換個房位。

2、戀愛：此方位之男性居住者，對於戀愛的看法，重視肉體甚於情感，是女性所需提防的一型，不過就整體而言，隨方位之居住者，戀愛上的攔阻會較小。

3、家庭運：家庭的基礎運不錯，不過此方位之家庭很怕不能永遠保持興盛，而有興衰交替的現象。

4、賺錢運：此方位之錢財來源，多走正道，即不會發橫財，例如股票、愛國獎券等，所以投資時宜往正向發展。

5、壽命：此方位適於身心的靜養，帶有穩定的氣息，所以多能延年益壽。

6、疾病：隨方位可能染患的病症，多爲消化器官方面，拖延的時日較交，然多能痊癒。

7、糾紛：此方位之居住者不宜和人發生糾紛，否則必上法院，最後吃虧的是自己這方。

8、考試：隨方位之子弟，試場之運氣極佳，有十分實力就能發揮十分，不會慘遭滑鐵盧。

9、營業：此方位之經營，一般而言尚可，然須大量計劃，否則容易錯亂脚步，對於結構草率的人，可能不大適宜，而需變換房位。

當座向爲蠱方位

1、婚姻：蠱方位之夫妻，很難見到幸福，多爲苦難、爭執的交織，最好趁早搬離。

2、戀愛：此方位之男女居住者，最苦惱的就是朋友太多，對於異性的情感很難捉摸，因此多得不到美滿的結果而致蹉跎一生，宜另換房位。

3、家庭運：蠱方位之家庭，難以達到和諧的狀態，是家庭生活上的敗筆，家勢自然不能向上，宜迅速遷移，以免子女遭殃。

4、賺錢運：此方位之錢財，多不久留，來來去去，完全是一副空殼子，儘管再努力，總是會產生另外的漏洞，而將到手的錢財，一洩而空，宜另換房位，以免遺憾一生。

5、壽命：居於此方位之幼兒，體弱多病，很難照料，而一般年輕婦女多不諳於此，只要將其抱離此房，即可將其哭聲停止，此點爲有嬰兒的家庭們應該特別注意的地方。

6、疾病：此方位所染患的疾病，多爲內臟方面的病症，若有不明的腫脹時，亦可能爲惡性腫瘤之類，人類終其一生，不可能無病，最重要的是自己能夠及早知道，及早治療。

7、糾紛：蟲方位之居住者，極容易與同事因工作上的關係發生糾紛，而且造成很大的後果，因此如果是薪水白領階級者，不適合居於此種方位。

8、考試：此方位之子弟，試運奇差，成績低落，此時父母宜將兒女的房位稍微換一下，對考試很有幫助。

9、營業：此方位之經營者，若不知方位之力量，終其一生，必感事事不順，雖然有機會，但總是無法大大成功，宜另尋佳位。

當座向爲臨方位

1、婚姻：臨方位之夫妻，確有百年好合之象，夫婦間情感融洽，是一個很好的方位，所以新婚夫婦定居時，就應該選擇這種方位。

2、戀愛：此方位之男女居住者，多能遇到合適的伴侶，成就美好的姻緣，這是其他方位所比不上之處。

3、家庭運：位於臨方位之家庭，必定欣欣向榮，家勢逐漸擴大，門風樹立，街坊望之肅然起敬，此乃得力於家庭的和樂。

4、賺錢運：臨方位之財運，依照一般的俗語說就是：財星高照，錢財滾滾而來，是一個不錯的方位。

5、壽命：只要多注意一下衞生，臨方位之居民多能長保健康之軀。

6、疾病：此方位之居住者易於染患的病症，多爲腸、胃方面的疾病，因此必須小心環境的衞生、飲食的衞生。

7、糾紛：不宜和別人發生爭執，因爲臨方位之居住者在訴訟上或爭執上，極易處於劣勢。

8、考試：臨方位之子弟，試場上得心應手，多能奪得良好成績，光耀門楣。

9、營業：臨方位的經營者，有成功的遠景，只要能詳細企畫，此方位之營利事業，必能大大的開展。

當座向爲觀方位

1、婚姻：有一項很奇妙的事實是，觀方位之夫婦多和長輩同住，因此彼此間，常會發生不大不小的衝突，所以一般夫婦若要避免，就應選擇其他房位。

2、戀愛：觀方位之男女，在戀愛情感上，亦較易受長輩的左右，因此，有錯配鴛鴦錯的可能性很高。

3、家庭運：此方位之家庭，運勢不佳，爲長遠計，宜考慮變換宅位或他遷。

4、賺錢運：觀方位就錢財運看起來，似乎起起伏伏不太穩定，然而整體而言，還算可以。

5、壽命：觀方位之居住者，必須留心氣候的變化，因爲氣候加上方位的力量，常常使一個人的健康發生障礙。

6、疾病：此方位之居住者易於染患呼吸器官及腹部的疾病，所以和氣候有密切的關係。

7、糾紛：俗語說：多吵無益，觀方位就是如此，爭吵常對我方不利時，就應該盡量避免，如果眞是接二連三時，就考慮另外尋屋居住了。

8、考試：很悽慘，觀方位之學生，試運極差，即使十分實力也發揮不到二、三分，再不換房位的話，就是年年名落於孫山之後。

9、營業：此方位之經營者，必須注意朋友之間支票或現款的往來，否則事業上順利積蓄的成果，有可能因朋友而血本無歸。不過大體上來說，就營業而言，此方位還是極有前途。

當座向爲噬嗑方位

1、婚姻：此方位對新婚夫婦較不適合，因爲會有一點挫折，而新婚時感情比較不穩固，老夫老妻時，則沒有多大的妨礙。

2、戀愛：男性居住者，向女性追求時，易遭拒絕；女性則多屬內向型態，因此男女都比較有可能孤獨的走完一生。

3、家庭運：家運不算興盛，但也不會過於寒傖，此乃因家庭氣氛的關係，家中和樂的狀況，常會因很多意外的障礙而中斷，自然無法產生向心力，共同爲這個家來奮鬥。

4、賺錢運：就如同家庭運一般，此方位之錢財，也是得來不易，是屬於辛苦的代價，而非可以不勞而獲的，賺錢頗爲艱苦。

5、壽命：俗語說：毛病多，就是指這一方位的居住者，所以幼兒就很難照顧，老人的情況也是如此，宜盡速他遷。

6、疾病：嗌嗑方位較易感染的疾病爲消化循環器官方面的病症，病況易於趨向嚴重。

7、糾紛：嗌嗑方位之居住者，對於糾紛應採取強硬的態度，才能化解這場紛爭，以及未來無盡止的爭吵。

8、考試：此方位之居住者，對於考試有三分畏懼，所以常常是困難多端，父母看在眼裏，疼在心裏，最好的方法，是幫兒女換個房位，一定大有助益。

9、營業：無論經營那一種行業，此方位之經營者一定是遭遇到重重的阻礙和困擾，唯有積極推行才能克服方位上的影響，否則就要改變房位。

當座向爲賁方位

1、婚姻：此方位居住之夫妻，多互相抱怨對方，不能和諧相處，但又不願仳離，是這一方位的特色，我建議他們換個方位居住，一定能改善目前的狀況。

2、戀愛：男女居住者在情感方面，一般而言，發展還算順利，在不長的期間內，能找到自己喜歡的對象。

3、家庭運：賁方位之家庭常有的現象就是，外表看起來家庭好像非常興盛壯大，但是事實上內部有很多潛伏的病因未除的話，家庭的運勢無法維持。

4、賺錢運：此方位之家庭或個人，在經濟上一般而言，多不算富裕，只是過得去而已，要懂得適時進入行業的道理就能賺錢。

5、壽命：賁方位對身體而言，沒有多大的助益，因此此方位之居住者體多羸弱，有短命之虞，不適合老年人居住。

6、疾病：賁方位易於染患腺部、胸部或腹部方面的病症，尤其是腺的失調，常常造成終身的遺憾。

7、糾紛：賁方位之居住者，若和別人發生糾紛時，多對己方不利，宜採用和平解決談判的方式。

8、考試：此方位之居住子弟，試運極佳，七分實力可以得到十分的結果。

9、營業：賁方位之經營者，多缺乏觀察同行競爭的狀況，而只是自己埋頭苦幹，撞得頭破血流，企業還是得不到發展，所以賁方位之經營者宜擴大視界，必能有所成就。

當座向爲剝方位

1、婚姻：此方位之姻緣多不久長，男再婚女二嫁為平常之事，新婚夫婦住此方位尤其不宜。

2、戀愛：男女居住者多被拒於感情之門外，為避免孤單一身，宜另尋房位居住。

3、家庭運：此方位之家庭橫遭沒落破敗之侵，多不能上進發達，家庭成員亦多萎靡不振，為改變運勢，最好另換宅位居住。

4、賺錢運：錢財居於外流的趨勢，此方位之財運不但不佳，而且本身即不能留財，所以無論個人或家庭的經濟，都處於悲慘的地步，宜儘速他遷。

5、壽命：此方位氣勢微弱，所以身體的健康狀況不能說是很良好，長久居於此方位之人，多體弱多病。

6、疾病：此方位所患多為頭部的疾病，而頭部為人體最重要之部位，所以為安全起見，最好避免住在此種方位之住宅。

7、糾紛：女性居住者很容易和街坊鄰居發生爭執，這不是好現象，為了人和起見，還是換個方向好。

8、考試：很糟糕！此方位之子弟多名落孫山之後，場場斷羽而歸，好不悽慘，還是趕快換個房位吧。

9、營業：此一方位，並非不能賺錢，但是錢財的經營上，常不能截長補短，就是資金充裕時很充裕，短缺時却找不到可彌補的，所以始終無法擴大營業，就是這個緣故，我建議，還是改個方位較佳。

當座向爲復方位

1、婚姻：復方位之姻緣，是可成幸福之象之佳緣，夫妻之間互敬互愛、互助互諒，是此一方位之特色。

2、戀愛：居於此方位之男女，在展開愛情攻勢時，要先有一種有恒的信念，否則一定不會成功，因爲復方位居住之人多會有操之過急的概念，而造成戀愛的無結果。

3、家庭運：此方位之家庭多露出幸福昌隆之象，此無他，就是因爲主事者夫婦兩人都能同心協力，爲這個家庭付出，自然家運就是扶搖直上。

4、賺錢運：此方位對錢財的聚斂非常有利，所以對於一些經商者而言，此方位不錯。

5、壽命：此方位對少年人較不利，對中老年人則有延年益壽的影響。

6、疾病：此方位易於染患神經痛等疾病，一但發病時，多疼痛不堪，此時需另尋一個有助病體之方位，才不會形成致命之疾。

7、糾紛：復方位之居住者不易和人發生口角之爭，但需注意書面上的訴訟，一般而言對己方有利。

8、考試：試運不壞是此方位的特色之一，所以求學子弟居於此方位時，成績會像階梯一樣，一直往上爬，父母也會樂得喜上眉梢。

9、營業：只要沈著進行，復方位對營業極有利，適合發展的擴大營業。

當座向爲无妄方位

1、婚姻：无妄方位之婚姻多能保永久性，此爲其他很多方位所沒有的特色，居於此方位之夫妻，較能坦誠相處，所以婚姻的壽命也愈長。

2、戀愛：此方位之男女，對於情感方面，亦多能以眞誠相待，故能尋得合適之伴侶。

3、家庭運：此方位之家庭，由於夫妻間的和諧關係，多能得到艮好的發展，家運欣欣向榮、蒸蒸日上。

4、賺錢運：此方位之財運，整體而言不錯，不過主事者必須注意不要乘勝追擊的太快，否則可能被套牢而不能抽身。

5、壽命：无妄方位氣勢稍強，有益於身體方面的保健，適於病房的方位。

6、疾病：此方位所染患的多爲呼吸器官的疾病，這和方位有密切關係，家中若有氣喘病的病人，避免住在這個方位。

7、糾紛：此方位之居住者，常常和外人發生衝突，而且多屬無理取鬧，因此造成很大的困擾，又不願接受排解，只好另外換個環境和房位來避免災禍。

8、考試：无妄方位居住的子弟，可以得到好成績，但必須和其實力配合，不可能得到超乎實力的成績。

9、營業：此方位之經營，屬於普通的進展，只要穩定經營，通常不會遭到大失敗。

當座向爲大畜方位

1、婚姻：此方位之姻緣，非屬平靜的類型，如果一直是住在大畜方位，終其一生，一定會發生許多障礙，但整體而言，可以產生幸福的婚姻。

2、戀愛：男性居住者在感情方面，易於遭到挫折，不過不致形成大礙；女性居住者則較有可能孤單一生，所以年輕女性不宜居住在此方位的房間。

3、家庭運：大畜方位的男主人有出外謀生，常年在外的現象，家庭生活顯得稍有欠缺，只要不介意，家庭亦可得到很好的發展。

4、賺錢運：此方位之財運，沒有發橫財或意外之財的機會，全靠家主的勞力獲取，是一個很穩健的方位，只是讓那些虛榮的妻子們非常遺憾，換換方位，也許會有一點改善。

5、壽命：此方位對青年人較不利，容易產生精神上的萎靡，對於中老年人，則較有利，剛好適合他們的氣勢。

6、疾病：此方位易於染患腹部或胸部方面的疾病，所以本來就有這方面問題的人，不宜再居於大畜方位，否則會使病情加重。

7、糾紛：一但和別人發生衝突，大畜方位之居住者，通常居於較有利的地位，終可勝利解決。

8、考試：居於大畜方位的子弟，配合自己的實力，可以得到很好的成績。

9、營業：仔細策劃再加上大畜方位，都可以使經營發展、擴大。

當座向爲頤方位

1、婚姻：頤方位的夫妻，可以相處得很融洽，會建造一個很美滿的家庭。

2、戀愛：此方位之男性居住者，易於過度貶低自己，而結交不到好的異性朋友，女性亦是如此。所以宜另換房位。

3、家庭運：家運不佳，頤方位之家庭情況不能很如意，常會發生大小的家庭風波，所以不適合大家庭的居住。

4、賺錢運：此方位之居住者，經濟狀況常出現低潮。

5、壽命：頤方位之人較注重口腹之慾，所以對身體有損，多不長命。

6、疾病：此方位易於染患腹部腸、胃方面的疾病，必須留心自己的飲食。

7、糾紛：此方位若與人發生爭執，必對己方不利。

8、考試：此方位之居住者，必須加強用功，因爲若不如此，則可能非常差勁，最好是換個房位，改變一下氣勢。

9、營業：居於此方位之營利事業，只能但求無虧，也就是說沒有多大的發展性，宜速他遷。

當座向爲大過方位

1、婚姻：大過方位之夫妻，多屬感情不合、個性不相近的一型，新婚夫妻最好避免選擇此種房位來居住。

2、戀愛：就整體而言，住在大過方位的男女，都是單身者占多數，在情感上是一個常敗將軍。

3、家庭運：此方位之家庭，多不能走向盛況，而有沒落的危機，針對大家庭而言，情況很差，因此不宜將很大的家庭安置在大過方位上。

4、賺錢運：此方位的財運是這樣的，發橫財的情況少有，正財僅能糊口。

5、壽命：有益於身體的保健是大過方位的特色，適合闢做老人房。

6、疾病：大過方位易於染患的病症有肺病或脊髓方面的病痛，常源於不明之原因，防不勝防。

7、糾紛：大過方位的居住者可能較常因公務關係而和外人發生爭執，此時最好和解，否則訴訟對己方不利。

8、考試：此方位居住之子弟，最常見的就是考運不佳，雖然年年努力，總是年年名落於孫山之後，爲人父母者應爲子女考慮房位的問題。

9、營業：大過方位之營利事業，不宜擴大，就目前現有的規模，可以做較穩定的發展，大過方位的事業擴展太迅速，必會招致失敗。

當座向爲坎方位

1、婚姻：坎方位之夫妻，彼此間似乎較難忍讓，而常在子女面前發生衝突，造成家庭的苦難，宜快速他遷。

2、戀愛：此方位之男女，在感情方面所受的折磨最多，一些爲情自盡的多在坎方位居住，應該要避免。

3、家庭運：居於坎方位之家庭就如前面所述，夫妻間爭吵失和，家庭失去團結力量，自然瓦解，家運也無法向上結果。

4、賺錢運：財運不濟也是坎方位的特點，經濟狀況始終無法改善，除非遠離坎方位。

5、壽命：此方位氣勢稍嫌薄弱，嬰兒不宜住在坎方位，恐有夭折之現象。

6、疾病：此方位易於染患心臟病、腹膜炎或腎臟方面的病痛，常常要和醫院打交道是這方位的特色，身體原已衰弱者應避之。

7、糾紛：此方位之居住者，比較難與人相處，被大家公認是一個孤僻的人，須要有良好人際關係作爲輔助的，應避免居住在這個方位。

8、考試：令人洩氣的是，此方位居住之子弟，常常遭到失敗的惡運，成績極差，坎位不適合求學的子弟居住。

9、營業：居於坎方位之營利事業，多不能得到發展的機會，好像受到設限一樣。

當座向爲離方位

1、婚姻：夫妻居於此方位，可以增加彼此的感情，易於相處，夫婦生活非常甜蜜，很適合新婚夫婦。

2、戀愛：男性居住者，往往對感情之事，操之過及；女性則過於保守，亦難得到青睞，離方位之男女在情感的路上困難重重。

3、家庭運：此方位之家庭較重視精神方面的生活，一家人生活非常快樂，家運由於家庭成員的努力而蒸蒸日上。

4、賺錢運：離方位之財運特色是不發橫財，正財有少賺，足以糊口，有小小積蓄。

5、壽命：此方位居住者，多可健康長壽，非常適合老年人居住。

6、疾病：此方位可能染患的病症爲消化性器官的疾病，較不易致命，然亦須小心延治。

7、糾紛：請保持冷靜態度來解決紛爭，此方位之特色就是操之過及、意氣用事而造成意想不到的後果。

8、考試：此方位的考運不錯，不過正如前面所述，考試時要沈著、鎭定，能如此，成績定能更上一層樓。

9、營業：有推展的可能性，此方位之經營者在充分準備後，就可向外擴張，可有收獲。

當座向爲咸方位

1、婚姻：此方位之夫妻，相敬如賓，所形成的是一樁人見人羨的姻緣。

2、戀愛：此方位之男女，在感情方面都能順利得到發展，締結美好的姻緣。

3、家庭運：此方位的家庭是一個幸福的家庭，緣於父母子女間的融洽關係，家運昌隆。

4、賺錢運：居住於此方位的人，在賺取金錢方面多走較順利的路線，是一個不錯的方位。

5、壽命：咸方位之居住者，亦有健康長壽之象，適合作爲養病的病房或退休後的房間。

6、疾病：此方位所感患的病症有性病、肺病等病症，均非大礙，多可痊癒。

7、糾紛：此方位之居住者若與人爭吵多主凶，當不可避免時，應考慮換個房位居住。

8、考試：咸方位的居住者，試運不差，可以充分發揮自己的實力，成績優良。

9、營業：此方位須注意不要操之過及，只要能詳細策劃，擴展非常順利。

當座向爲恒方位

1、婚姻：此方位的夫妻，情感融洽，是長久和好天賜良緣之象，恒方位是一個象徵永遠的方位。

2、戀愛：居住在恒方位的男女，在追求異性朋友時，都是一帆風順，情感發展過程中，雖顯得過份熱情，但易於被接受。

3、家庭運：一片祥和之氣是恒方位之家庭發展的原動力，家庭成員努力奮發，團結一致，造成一股向上的力量，家運興隆。

4、賺錢運：此方位之居住者，應避免踏入不知情或沒有經驗的事業，努力於目前的崗位，可以得到意想不到的結果。

5、壽命：此方位有益於身心健康，所以住在恒方位的屋宅者，多能健康長壽。

6、疾病：此方位所易染患的病症多爲慢性疾病，雖不致命，但引起的麻煩不小。

7、糾紛：居於恒方位，千萬不要和人發生爭執，否則絕對有損於己方。

8、考試：就如各方位所示，此方位居住者，多能保持佳績，在各種大小的考試，能堅持到底而獲得艮好的成績。

9、營業：此方位最大的缺點就在營業方面，不適合擴大，發展迅速必會招致失敗。

當座向爲遯方位

1、婚姻：此方位之夫妻常出現的狀況是，女子爲男方服務，而丈夫風流在外，常出現婚姻上種種難解的三角習題，夫婦最好避免居於此方位。

2、戀愛：居於此方位之男女，在感情的路上不要太過勉強，順其自然即可成功。

3、家庭運：此方位之家庭，男女主人不是生離就是死別，家庭趨於衰運，不適合居住。

4、賺錢運：遯方位之財運不佳，頻頻失敗，造成經濟困難，生活發生問題，宜儘速改變房位。

5、壽命：此方位之居住者，若非重症多可保長壽。

6、疾病：此方位易於染患的疾病爲胸部和腹部方面的疾病，盡心療養可以痊癒。

7、糾紛：此方位之居住者，不宜和別人發生爭執，一但和別人有不同意見時，極早罷手，以免傷害到自己。

8、考試：居於遯方位之子弟，多不能在試場上充分發揮自己的實力，因此成績多不及格，是一個無法表現的方位，宜另換房位。

9、營業：此方位之經營者，雖爲資金籌措常常忙碌，但對於事業的推進，則沒有多大助益。

當座向爲大壯方位

1、婚姻：大壯方位的夫婦，容易產生貌合神離的現象，表面上可能相安無事，私底下則危機重重。

2、戀愛：居於此方位的男孩較不拘小節，喜歡隨意行動，因此頗惹人厭，而致情感進行頗不順利，如果不能換個房位，就要特別注意。

3、家庭運：此方位之家運還不錯，但是總無法更向前一步，換個宅向也許可以改善。

4、賺錢運：此方位可以獲大利，然而在本身既有的資金方面則籌措困難，因此雙方無法密切配合。

5、壽命：大壯方位氣勢稍強，對身體健康有助益，適合作爲老人房或病房。

6、疾病：此方位比較容易感染急性的症狀，而且多來得很突然，必須小心否則極易導致不幸，例如急性肺炎等。

7、糾紛：常常會因觀念的不合而和別人發生爭執是大壯方位的特色，然多無妨礙。

8、考試：此方位試運不佳，常會因臨考時看錯題意而致在考場上不能一帆風順，所以要應考者不適合住在此方位。

9、營業：此方位之經營者，可以進行擴充計劃，但不宜操之過急，以免資金籌措不及，而被票子拖垮。

當座向爲晉方位

1、婚姻：此方位之夫婦若能與長輩住在一起更佳，即晉方位適合大家庭居住。

2、戀愛：男性居住者頗能探悉女子心意，因此多能順利成功締結佳緣，至於女性就比較危險，有成爲老處女的可能性，不適合住在此方位的房間。

3、家庭運：此方位之家庭呈興隆之象，兒女亦多能孝順，大家庭成員個個奮發向上。

4、賺錢運：此方位財運極佳，就程度上而言，無論開業或就職都能一直上升、進展。

5、壽命：居於此方位之人，身體的健康狀況能經常保持艮好，而且多較長壽。

6、疾病：此方位之疾病多附帶高熱狀態，此種不明原因之高熱常帶給居住者很大的困擾，換個房位就能改善。

7、糾紛：雖然晉方位的居住者，容易因職務上的緣故而和上司或同事發生衝突，但多無不利之影響。

8、考試：此方位居住之子弟，考運很好，不會臨時出什麼差錯，因此配合實力之下，必能榜上有名。

9、營業：此方位之經營者，所用的勞力和所得代價的比較下，勞力可能多於代價，但是結果是相同的，事業都因此而壯大。

當座向爲明夷方位

1、婚姻：居於明夷方位的夫妻，多引發成一段不成功的姻緣，夫妻間生活勞苦，障礙重重，宜宜儘速他遷。

2、戀愛：男女居住者，在情感的進行上，受到多重的難境，因此多沒有結果，尤其是已進入中年的未婚者，更要避免此方位。

3、家庭運：此方位之家庭多家運衰微，艱難多、勞苦多，宜儘速他遷，否則禍延子孫。

4、賺錢運：明夷方位之財運，不很順利，尤其是薪水階級更是需提防突然被解僱而致家庭遭到困境，避免居於此方位才是上策。

5、壽命：此方位對身體健康有損，雖然盡力維護健康，還是病痛不斷，因此多短命病弱的現象。

6、疾病：明夷方位之居住者，常罹患一些難以治癒的疾病例如食道阻塞、精神病、神經質等，給其他同住的家人帶來極大的不便。

7、糾紛：雖然此方位之居住者不能避免因職務而發生的爭吵，但仍以和解爲宜，否則對己方極爲不利。

8、考試：此方位居住之子弟，成績多不如意，經常徘徊在及格邊緣者，表示有實力，但試運極差，宜調換房位，必能湊效。

9、營業：此方位之事業經營，一般而言，沒有多大的發展希望，還是改個方位較佳。

當座向爲睽方位

1、婚姻：夫婦住在睽方位的屋宅，原本是甜蜜的佳侶，終必演變成水火不容，反目成仇的敵人，請儘速遷移。

2、戀愛：居於此方位之男性，在感情的事上，屢試屢敗，女性則多保守，很難遇到佳偶。

3、家庭運：此方位之家庭，就像冰庫一般，凍結了家人間的親情，還是儘速他遷，以免被結成冰塊。

4、賺錢運：此方位之錢財運，來來去去，此起彼伏，沒有多大建樹。

5、壽命：睽方位之居住者，長久下來，多致體弱多病，愈振乏力，宜速他遷。

6、疾病：此方位易於染患的病症多爲內臟機能的障礙，尤其是老年人患病時，很不易照顧，最好避免這個方位。

7、糾紛：和人發生爭執時，睽方位之居住者多屬不利，宜息事寧人，而且另外他遷避免不利。

8、考試：此方位之居住者，試運極差，一臨考試就精神恍惚，以致成績不佳，宜換個房位再試。

9、營業：此方位之經營者，空有滿腹的計劃，而希望和計劃往往相違，換個方位再開始，一定會有很好的建樹。

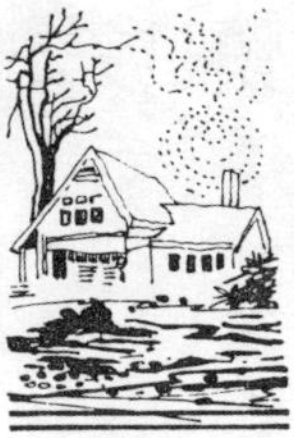

當座向爲家人方位

1、婚姻：美滿的姻緣，好的方位配合之下，幸福甜蜜自不在話下。

2、戀愛：此方位之男女，在情感的進行上，頗爲順利，而且都是感情融洽，非常成功。老光棍或老處女可以嘗試這個方位，一定有不可思異的奇遇。

3、家庭運：此方位的家庭，一片平和氣象，家運愈見興隆和發展。

4、賺錢運：此方位的財運平穩，可以順利獲利，使家庭的經濟狀況一直不錯。

5、壽命：家人方位的氣勢稍強，有益於身體健康，對藥物需求不強，而能常保健康。

6、疾病：此方位所患的疾病多屬於下腹部位，雖不致命但對生活上會引起極大的不便。

7、糾紛：此方位的居住者若不幸與人發生訴訟，必致愁雲滿佈，極端不利，所以對於一些太過急燥的人而言，還是不宜居於此方位，雖然其他方面都很不錯。

8、考試：住在家人方位之子弟，常能發揮完全的實力，而得到很好的成績。

9、營業：配合著策劃，此方位之經營者可以順利擴展其事業。

當座向爲蹇方位

1、婚姻：此方位之夫妻，爭吵不斷，雖然在這種關係之下，但仍不斷其婚姻之實，然對家庭而言，是一種重擔。

2、戀愛：此方位之男女，在感情上，雖然容易付出，但卻無法掌握對方，常是受傷害的一群。

3、家庭運：居於此方位之家庭，多勞苦困境，家運極端衰微，這層因素，使得家庭狀況非常不好。

4、賺錢運：蹇方位對財運非常不利，失敗迭起，進少而出多。

5、壽命：此方位之居住者，常感胸口積壓，氣息難暢，蹇方位多出短命病弱之人。

6、疾病：此方位之人若不幸感患疾病時，多爲嚴重致命，必需立即延醫醫治，不適合將病房設在此方位。

7、糾紛：蹇方位之居住者，無法避免不和別人發生嚴重衝突，最好另擇方位居住，以免訴訟纏身。

8、考試：居於此方位之子弟，對考試都感到非常棘手，因此成績不佳。

9、營業：此方位之各行業之經營，均不稱順利，有擴展雄心的老板，就應該改變一下方位。

當座向爲解方位

1、婚姻：夫妻居於此方位，感情比較能夠融洽，意見也比較能夠溝通，不致常常發生口角。

2、戀愛：居於此方位之男女，對於情感的事，比較容易猶豫不決，不知道應該取還是不取，結果終致蹉跎一生。

3、家庭運：居住在解方位的家庭，多能漸漸向上發展，家運興隆，經濟情況穩定。

4、賺錢運：財運對此方位之居住者而言，似有似無，但多能朝穩定性發展。

5、壽命：此方位對年青人較不利，長久住下去會導致精神衰弱，但對於中老年人則有安定作用，所以適合做老人房。

6、疾病：此方位易於感染精神官能方面的障礙，不易痊癒，但若將其遷至另一方位，則有康復的希望。

7、糾紛：解方位之爭執或訴訟，居住者多能居於有利的地位。

8、考試：居於解方位的子弟，試運艮好。

9、營業：此方位之經營者，若能把握時機，放手去做多能獲得大利，事業亦得順利擴展。

當座向爲損方位

1、婚姻：損方位之婚姻居住者，夫婦之間雖有些口角，但不致破壞婚姻關係，而且能夠漸入佳境。

2、戀愛：損方位居住之男女，不是缺乏恒心、耐力，就是對自己沒信心，以致不能湊效。

3、家庭運：此方位之家庭，經濟方面多不如意，夫婦雖胼手胝足，亦無法改善衰微之境。

4、賺錢運：此方位之財運平平。

5、壽命：此方位氣勢薄弱，身體健康情況欠佳，不適合青年人居住。

6、疾病：居於此方位的人易於染患消化器官，身心衰弱的病症，必須小心延治，否則難以康復。

7、糾紛：一但和別人發生糾紛，對居住在損方位的人極端不利，必須要和別人和解才有利。

8、考試：此方位之子弟，試運不穩，高低交迭，不過好成績多於壞成績。

9、營業：營利事業位於此方位者，擴張時不要性急，總可以成功。

當座向爲益方位

1、婚姻：夫婦住在益方位，原來感情好的會更好，不好的會變好。

2、戀愛：此方位居住的男女，對於情感都存幻想式的想法，只要一但尋到對象，彼此都能體貼入微。

3、家庭運：此方位之家庭富貴繁榮，得力於家庭成員的同心努力。

4、賺錢運：此方位之居住者，只要有投資機會，多能獲得大利。

5、壽命：益方位氣勢稍強，有益於保健，適合老年人居住。

6、疾病：此方位之居住者易於染患的病症有胃、咽喉方面的症狀。

7、糾紛：益方位之居住者，本不易和別人發生爭執，因此只要和人發生衝突，對本身均有利，可以獲得有利的解決。

8、考試：此方位的子弟，可以發揮超乎實力的實力，得到優等的成績，是求學的青年們適合居住的方位。

9、營業：此方位之事業經營者，經營上非常順利，適合繼續發展壯大。

當座向爲央方位

1、婚姻：此方位之居住者，夫婦之間會很容易看出婚前所未注意的破綻，而致彼此猜忌，終致仳離，是一個不好的方位。

2、戀愛：男性居住者通常都會遇到年齡不相稱的女性，女性也是如此，因此多以悲劇收場，最好避免未婚者居住在此方位。

3、家庭運：此方位之家庭，家運每況愈下，兒女對家庭沒有向心力，而且有排斥感。

4、賺錢運：居於央方位之人，在錢財上須提防別人的欺騙，小心謹愼仍然可以有所獲利。

5、壽命：央方位之居住者，身體方面素來健壯，只要保養得法，都屬於健康長壽型。

6、疾病：央方位所易於罹患的疾病，多爲頭部方面的病症，所以此方位之居民可能有異於常人的舉止，而自己尚不自覺，必須小心提防。

7、糾紛：夬方位的居住者，比較不容易和別人溝通，因此常發生爭吵的情事，無法避免時最好經由他人以和平的方式解決，否則對己方不利。

8、考試：居於夬方位的青年子弟，成績多不理想。

9、營業：夬方位的經營者，對於一切決策，務必作最縝密的考慮，才不會頻頻失敗。

當座向爲姤方位

1、婚姻：住在姤方位的夫妻，決無法平靜的渡過一日，平時總是爭吵不止，夫妻間隔閡重重，必須要另擇房位居住才是上策。

2、戀愛：姤方位的男女青年，在情感上是沙場敗將，屢戰屢敗，但屢敗又屢戰，結果總是如此。

3、家庭運：此方位之家庭，夫妻間宛如仇敵，父母子女間視同路人，全無家運可言。

4、賺錢運：姤方位之財運平平，必須小心經營，或注意上司的神色。

5、壽命：此方位之居住者，身體上要是沒有照顧得當，就很容易患病，所以對幼兒不適合。

6、疾病：此方位可能易於罹患的病症有性病、痔病等，必須特別注意衛生習慣。

7、糾紛：姤方位的居住者，一但與人發生爭執訴訟，必陷於不利狀態，宜避免或另換房位居住。

8、考試：此方位之青年子弟試運不佳，精神無法集中，因此成績多不理想。

9、營業：此方位之事業，無法迅速擴張，否則極易招致失敗。

當座向爲萃方位

1、婚姻：居於萃方位的夫妻，多能白頭偕老，成就一樁美好的姻緣。

2、戀愛：男女居住者，在情感進行上多屬順利，不過男性要避開二女同時的困擾。

3、家庭運：此方位的家庭，父母子女間的關係良好，夫妻之間相敬如賓，所以是一股興隆的氣勢。

4、賺錢運：此方位之家庭，經濟狀況多屬良好，經營事業順利，上班穩定。

5、壽命：萃方位氣勢強，有益於身心健康，可以避免很多小毛病。

6、疾病：此方位易於染患的疾病多屬胸部或腹部方面，但不會致命。

7、糾紛：此方位唯一的缺點就是會和別人發生爭吵，讀者記住，爭吵絕對不利於萃方位的居住者。

8、考試：住在萃方位的子弟，求學比較能夠集中精神，因此成績多不差。

9、營業：此方位之經營，沒有什麼阻碍，屬於順利的型態，可以放心去擴充。

當座向爲升方位

1、婚姻：升方位適合新婚夫婦居住，因爲升方位必能成就一段前途燦爛的良緣。

2、戀愛：男性居住者不要猴急，就可以追求成功；女性居住者則多順利。

3、家庭運：此方位之家運有向上發展的趨向，不論是經濟或其他各方面，都走向好的一面。

4、賺錢運：此方位之投資或經營，可獲大利，但須注意不要操之過急，貿然進入。

5、壽命：升方位的居住者，身心方面較一般人健康，所以壽命也較長。

6、疾病：此方位易於染患內臟方面的疾病，治療頗費時日，但多能痊癒。

7、糾紛：升方位之居住者若不幸和別人發生爭執或訴訟，都能獲得有利的解決。

8、考試：居住在升方位的子弟，考試時能發揮全力，所以都有佳績出現。

9、營業：經過策劃的經營，在升方位的事業多能成功，能開展更寬濶的市場。

當座向爲困方位

1、婚姻：此方位的夫婦，多不和睦，婚姻只是一項枷鎖，因此走向離異的道路，方位不佳，還是另謀佳位才能保此姻緣。

2、戀愛：男性居住者，對異性的追求，多以失敗收場，女性則不容易遇到好對象。

3、家庭運：此方位的家庭，多勞苦困窮，家運開拓非常不容易。

4、賺錢運：此方位之財運，多不順利。

5、壽命：困方位的居住者，體弱命短，不適合當作病房或老人房。

6、疾病：此方位的居住者易於罹患心臟或肺部方面的疾病，一但發病都會造成很危險的情況。

7、糾紛：困方位的居住者常會爲訟訴的事，傷透腦筋，只有懇求長輩代爲解決，方爲上策。

8、考試：此方位居住之子弟，試運奇差，成績多不佳。

9、營業：此方位之經營者，較不能拓展。

當座向爲井方位

1、婚姻：此方位之姻緣，堪稱爲平安之良緣，平淡中自有其樂趣。

2、戀愛：男女居住者在井方位時，較容易激動，因而操之過急，必須注意。

3、家庭運：此方位之家運，平穩而向上。

4、賺錢運：井方位之居住者，較一般人性急，薪水階級者渴望一蹴而成；投資者希望一筆千萬金，皆不可行，只要踏實，此方位必然可獲利。

5、壽命：居住在井方位的人，身體強健。

6、疾病：此方位之居住者易於感染泌尿器官方面的病症，身體下半身比較容易得病。

7、糾紛：爭吵、訴訟對井方位的居住者不利，以溫和態度或委託他人代爲解決較合宜。

8、考試：此方位試運平平，不會極差也不會極佳。

9、營業：維持現狀的經營是井方位的獲利保證。

當座向爲革方位

1、婚姻：新婚夫婦對這方位的屋宅，不用考慮了，另找屋宅才是上策。

2、戀愛：革方位的居住者，常久下來對感情多抱消極態度，而致孤獨一生。

3、家庭運：此方位的家庭，家運的興革全靠家庭成員的努力，而偏偏家庭的向心力不夠，因此家運不昌。

4、賺錢運：此方位之居住者，必須加強投資的意願，抱著積極態度，果斷敢爲即可成功。

5、壽命：此方位對幼兒而言較不宜，但對於中老年人則能促進身體的強健。

6、疾病：此方位的居住者容易感染眼病或下腹部方面的疾病，對此類疾病不應掉以輕心。

7、糾紛：革方位的居住者一但與人發生紛爭時，必須保持強硬的態度，才能獲得有利的解決。

8、考試：此方位居住之子弟，試運平平，無法特別突出或與衆不同。

9、營業：抱持積極的態度去拓展市場的話，此方位的事業必能有所成就。

當座向爲鼎方位

1、婚姻：新婚夫婦若能選擇這方位居住，必能成就一段美滿的姻緣。

2、戀愛：就如順水推舟般，此方位的居住者在感情上的進展非常順利。
3、家庭運：此方位之家庭，由於家中成員的融洽與努力，多能走向繁榮幸福的大道。
4、賺錢運：此方位之財運佳，只要小心籌劃，都能夠獲得大利。
5、壽命：鼎方位的居住者，身體上比一般人強健，不會常犯小毛病。
6、疾病：鼎方位的居住者易於染患消化器官方面的疾病，必須注意飲食衞生。
7、糾紛：此方位之居住者，較不易與人發生紛爭，即使有爭吵事件，也是己方有利。
8、考試：此方位居住的同學，能發揮百分之一百二十的實力，成績非常優秀。
9、營業：鼎方位之營利事業，可以發展至登峯造極，所以必須小心策劃。

當座向爲震方位

1、婚姻：震方位之夫妻，夫妻間的爭吵就好像調味品一樣，但多能白頭偕老。
2、戀愛：男女居住者在感情的進行上，雖有些許阻礙，但必能成功。
3、家庭運：此方位之家庭，多勞苦波瀾。
4、賺錢運：此方位之賺錢不易，做生意的很難獲利，領薪水的很難進級。

5、壽命：身體狀況平平，此方位對於健康沒有多大助益，但亦無妨礙。
6、疾病：震方位的居住者容易得腦或精神方面的疾病，其原因就是因爲震方位的壓抑。
7、糾紛：此方位的居住者，對於糾紛，若能採強硬的態度，則能獲得有利的解決。
8、考試：此方位居住的同學，比較會有患得患失的心情，但是成績都不錯。
9、營業：此方位經營之事業，有發展的潛力，但是必須小心策劃。

當座向爲艮方位

1、婚姻：此方位不宜夫妻久住，住在艮方位的夫婦，沒有不爭吵收場的。
2、戀愛：男女居住者，多患單相思，沒有勇氣進行追求的過程。
3、家庭運：此方位的家庭，一家不和，所以家運停滯，多苦惱之象，宜儘速他遷。
4、賺錢運：此方位之工作者，必然毛病百出，而理不出頭緒，也許因此而被解僱。
5、壽命：此方位之居住者，經常發生大大小小的毛病，有短命之象。
6、疾病：艮方位的居住者易於感染結核病或動脈硬化症或腦部方面的疾病，多不易康復。
7、糾紛：艮方位既易於和別人發生爭執，而且這爭執又不易化解，通常對己方不利。

8、考試：此方位居住的同學，試運不佳，因此成績多不理想，應另尋佳位，以防名落孫山。

9、營業：此方位之經營者，不宜擴大經營，否則會一敗塗地，故不欲保持現狀的經營者，宜改變方位。

當座向爲漸方位

1、婚姻：此方位之夫妻，非常融洽，是一對人見人羨的恩愛夫婦。

2、戀愛：男方的居住者，在追求異性時，須存少許愛心耐性，否則不會成功；女性則不要太過保守，否則在氣勢的壓抑下，多不能找到理想對象。

3、家庭運：此方位之家庭，家運會漸漸朝興隆的路上發展，只要假以時日，必能有所成就。

4、賺錢運：此方位可以獲利，但是不能性急亂投資，只要能採穩紮穩打的方式，都能獲大利。

5、壽命：此方位之居住者多能健康長壽，無論身心都常處於旺盛的狀態。

6、疾病：漸方位的居住者容易發病的部位有鼻子、耳朵、腸胃病；治療頗費時日。

7、糾紛：此方位和人發生爭吵時，對己方不利，必須抱定和解的態度，才不會損及自己。

8、考試：此方位居住的同學，成績有往上爬的趨勢，加緊用功後，可以鶴立鷄群。

9、營業：此方位的經營，順其自然即可，不要勉強爲之，徒增困擾。

當座向爲歸妹方位

1、婚姻：此方位居住的夫婦，貌合神離，必至分手而後止，千萬不要選擇此方位居住。

2、戀愛：男女居住者，對於感情容易抱著隨便的態度，但玩火者自焚，不可不愼。

3、家庭運：此方位之家庭，就如同其婚姻一般，給人一種美滿的感覺，實際上已四分五裂，家內失和而且家運漸衰。

4、賺錢運：此方位之居住者，對於事情的判斷或觀察缺乏敏銳性，所以不可貿然從事。

5、壽命：此方位對於居住者的健康情形沒有多大助益，仍需依靠自己的保養。

6、疾病：此方位的居住者易於感染胸部或腦部方面的疾病，而且很容易痊癒後再犯，必須小心防犯。

7、糾紛：歸妹方位的人，個性容易被激怒，因此紛爭不絕，必須請長輩講和，否則吃虧的是自己。

8、考試：此方位居住的同學，試運極差，十分實力只能發揮出六分，因此宜另尋佳位。

9、營業：此方位的經營者，不宜迅速擴張，按步就班可以立於不賠之地。

當座向爲豐方位

1、婚姻：此方位居住的夫妻，多屬情投意和，相敬如賓，是繁榮的佳緣與佳位。

2、戀愛：男女居住者在感情的進行上，都非常順利，能成就美好的良緣。

3、家庭運：家庭位於豐方位的，運勢不錯，豐盛富裕之象，但必須注意子女的教養，以免好運不常。

4、賺錢運：此方位財運佳，無論做生意或薪水階級都能有所進展。

5、壽命：此方位的氣勢有益於健康狀況，應該更加強保護，定能健康長壽。

6、疾病：此方位之居住者容易感染腸胃或神經系統方面的疾病，必須小心防治。

7、糾紛：若不幸與人發生衝突，豐方位的居住者多不必擔心，自然能得到有利的解決。

8、考試：此方位居住的同學，成績優秀，可以名列前茅，發揮十分的實力。

9、營業：此方位之經營者，對於事業上的問題，常能得到意想不到的幫助而解決難題。

當座向爲旅方位

1、婚姻：此方位之姻緣多處於不穩定狀態，丈夫三天二頭不回家，妻子則常往娘家跑，對婚姻而言，旅方位不是一個好方位。

2、戀愛：男性的居住者，意志比較不容易堅定，見異思遷，以致蹉跎歲月，女性亦同。

3、家庭運：家庭居於旅方位者，家運多不安定而且經常表出孤獨之象。

4、賺錢運：此方位之錢財進出，搖擺不定，錢財不易久留，所以不適合居住。

5、壽命：旅方位之居住者，有體弱短命之象。

6、疾病：此方位之居住者易於罹患消化器官或呼吸器官的毛病，不易痊癒。

7、糾紛：旅方位之居住者，極易因爲事務上的問題而和別人發生小爭執，還是趁早罷手，以免遺禍無窮。

8、考試：此方位居住的同學，試運其差，十分實力發揮不到一半，有志於金榜的人還是早遷爲妙。

9、營業：此方位之營利事業，無法獲得大利。

當座向爲巽方位

1、婚姻：此方位之夫妻，婚姻生活上總有些小波瀾，但大體而言還算良緣佳位。

2、戀愛：男女居住者，對於感情之事，較猶豫不決，宜採果斷的態度，才能遇到良緣。

3、家庭運：此方位之家庭，障碍與波瀾難免，但家運的繁榮可期可待。

4、賺錢運：此方位的居住者，在財運上沒有多大的進出，屬於保守的型態。

5、壽命：巽方位對於健康狀況亦無多大助益，須靠自己平日的保養，來延年益壽。

6、疾病：此方位之居住者容易得糖尿病、性病等下腹部的病痛，而且不易痊癒。

7、糾紛：此方位不宜和人發生爭執，萬一有爭吵時，即請長輩或朋友出面代爲解決。

8、考試：此方位居住之子弟，試運平平，自己須努力才能榜上有名。

9、營業：此方位之經營者，不要心急，在策劃下進行的事業拓展，多能成功。

當座向爲兌方位

1、婚姻：此方位之夫婦，生活上非常有節度，婚姻生活非常美滿，是一個很好的方位。

2、戀愛：此方位之居住者，對於情感的事情，比較容易我行我素而不理睬對方的感受，如能避免，則可以成功。

3、家庭運：此方位之家庭，夫婦子女間相處非常融洽，經濟狀況不差，家庭和好幸福。

4、賺錢運：此方位的居住者，在財運上極其順利的能事，可以獲得大利。

5、壽命：兌方位之居住者，健康情形一般而言多處良好之狀態，再加上保養，長壽不成問題。

6、疾病：此方位比較容易感染腸胃方面的病症，必須多注意飲食衛生。

7、糾紛：兌方位之居住者本不易和別人發生爭端，若不幸有爭執事件，也以和解爲宜。

8、考試：此方位居住之同學，試運良好，可以獲得好的成績。

9、營業：兌方位的營利事業，可以在好景氣中繁榮成長，也可以在壞景氣中生存。

當座向爲渙方位

1、婚姻：渙方位之夫妻，在生活上不免有些阻礙和波折，但多能穩定下來。

2、戀愛：男女居住者，對於情感之事都必須抱著百折不撓的精神，否則必定半途而廢。

3、家庭運：此方位之家庭，難免有些挫折，但整體而言，仍不失爲吉位。

4、賺錢運：此方位之居住者，必須抱持旣定的方針，不要隨便跳槽，或投資。

5、壽命：此方位對於幼兒較爲不利，中老年人則無妨礙。

6、疾病：此方位之居住者比較容易感染血液循環系統上的毛病，發病時極危險。

7、糾紛：此方位之居住者不易和他人發生爭執，一有爭吵應以和平方式解決。

8、考試：渙方位之居住者，常能發揮實力以外的實力，而贏得佳績。

9、營業：渙方位之營利事業，只要經營得法，都能獲得拓展，賺取利益。

當座向爲節方位

1、婚姻：此方位之夫妻，恩愛異常，不過丈夫可能比較缺乏耐性。

2、戀愛：男女居住者都缺乏有恒之心念，因此戀愛多不成功，宜另換房位。

3、家庭運：此方位之家庭，多屬重視禮節制度之家，綜合而言，仍爲平安幸福。

4、賺錢運：此方位之居住者，不宜貿然投入任一行業，否則必遭失敗之惡運。

5、壽命：此方位的居住者，可得健康長壽。

6、疾病：節方位之人容易染患消化性器官方面的疾病，必須療養很久，才能痊癒，不適合闢作病房使用。

7、糾紛：節方位的居住者，不宜和他人發生爭吵，而以和解的方式爲宜。

8、考試：此方位居住之子弟，試運平平，大致良好。

9、營業：節方位之營利事業，不適合經營，有破產虧本之虞。

當座向爲中孚方位

1、婚姻：此方位居住之夫妻，琴瑟和鳴，彼此在日常生活上能互相體諒，其樂無窮，是一個適合新婚夫妻定居的吉位。

2、戀愛：男女居住者，在感情的事上多持誠懇的態度，非常容易成功。

3、家庭運：此方位之家庭，其樂融融，父慈子孝，經濟狀況又良好，是典型的模範之家，家運昌隆，門風日盛。

4、賺錢運：中孚方位之財運不錯，做生意者順利，上班者晉級。

5、壽命：此方位之居住者，保養得法，可獲長壽。

6、疾病：中孚方位容易感染的病症爲腎臟病、腹膜炎或胃擴張等，此方位適合養病，病情會很快的減輕。

7、糾紛：與他人爭吵，對中孚方位之居住者，絕對不利，宜用和解的方式解決之。

8、考試：居於中孚方位之子弟，成績良好，有榮登金榜的希望。

9、營業：此方位之經營者，避免勉強行事，順其自然即可。

當座向爲小過方位

1、婚姻：此方位居住之夫妻，多不能終其一生，而爲中途別離之象，夫婦選擇住宅時，須多加考慮。

2、戀愛：小過方位的男女居住者，意志多不堅定，挑來挑去，終必孤獨一生。

3、家庭運：此方位之家庭多不和，家運傾衰，勞苦不幸充塞，不換方位的話，難以避免惡運。

4、賺錢運：此方位之財運不佳，常會估計錯誤而導致錢財的損失。

5、壽命：此方位之居住者多體弱短命，不適合居住。
6、疾病：小過方位之人容易得胸部方面的疾病，必須防止其惡化，此方位以不住爲佳。
7、糾紛：此方位之居住者經常和別人發生大大小小的爭執，對己方不利，還是和解爲宜。
8、考試：小過方位居住之子弟，試運奇差，成績多屬不及格，恐無法金榜提名，還是另換房位爲佳。
9、營業：此方位之營利事業，沒有什麼看頭，無法拓展反而日趨萎縮。

當座向爲既濟方位

1、婚姻：此方位之夫妻，情感上能夠和睦，但須防一時的突變，男方或女方的出軌，因此綜合而言，此方位仍不適合夫婦定居。
2、戀愛：男女居住者，在追求異性的過程中，都能得到短暫的成功，但是不能長久，若想及早成家，仍需他遷。
3、家庭運：此方位之家運衰頹，橫遭妻離子散的惡運，宜速他遷。
4、賺錢運：此方位財運不順，有進有出，但出的時候比進的時候多。

5、壽命：此方位對幼年人較有利，對中老年人則不利，須留心身體的保養。
6、疾病：此方位容易染患之病症爲心臟及腹部方面的疾病，有二度復發的可能，必須小心。
7、糾紛：此方位之居住者，切不要讓爭執持續不斷，否則會對己方不利。
8、考試：此方位居住之子弟，試運不差，加緊用功可名列前茅。
9、營業：此方位之營利事業，無法更拓展，必須持守現狀，否則會遭資金短缺破產的惡運。

當座向爲未濟方位

1、婚姻：此方位之夫妻，終其一生可謂先苦後甘，有令人痛苦的時候，也有令人稱羨的時刻。
2、戀愛：居住在未濟方位的男女，在感情的事上，必須持之以恒，否則會遭失敗。
3、家庭運：此方位之家庭，可以走向興隆之路，然必須先經一番的折磨。
4、賺錢運：此方位之財運平平，持之以恒就可獲利。
5、壽命：此方位對幼年人較不利，但對中老年人則無妨。
6、疾病：此方位之居住者容易感染血液循環系統方面的疾病，而且拖延時日。

7、糾紛：未濟方位所發生之紛爭，以和解爲宜。

8、考試：此方位居住之子弟，可以充分發揮實力，成績多屬中上程度。

9、營業：此方位之營利事業可獲利，惟需慢慢進行。

第伍章～屋向玄關相關表

屋向在乾方位

玄關方位	乾	蒙	師	履	同人	豫
吉凶	大吉	中凶	大吉	大吉	持中	中凶

玄關方位	謙	蠱	噬嗑	賁	无妄	大過
吉凶	大吉	持平	中吉	大凶	小吉	小凶

玄關方位	剝	大畜	坎	恒	晉	睽
吉凶	小吉	小吉	大凶	中凶	大吉	中吉

玄關方位	明夷	蹇	益	萃	井	震
吉凶	大吉	小吉	中凶	持平	大吉	大吉

否	小畜	訟	屯	觀	隨	大有	泰	比	需	坤	臨
小吉	中吉	中凶	持平	大凶	中吉	小吉	小吉	中凶	中凶	小吉	小凶

未濟	中孚	兌	豐	艮	革	升	夬	解	家人	大壯	咸
小吉	小凶	中吉	中吉	小凶	中吉	小凶	大吉	持平	中凶	中吉	中吉

遯	離	頤	復	小過	渙	旅	漸	鼎	困	姤	損
中吉	大凶	持平	大凶	中吉	小吉	小凶	中吉	中凶	中凶	持平	中凶

								既濟	節	巽	歸妹
								中凶	小凶	小凶	中吉

屋向在蒙方位

玄關方位	乾	蒙	師	履	同人	豫
吉凶	中吉	中吉	小凶	中凶	小吉	小凶

玄關方位	謙	蠱	噬嗑	賁	无妄	大過
吉凶	中吉	持平	小吉	小凶	大吉	持平

玄關方位	剝	大畜	坎	恒	晉	睽
吉凶	中吉	中凶	小吉	小吉	大吉	中凶

玄關方位	明夷	蹇	益	萃	井	震
吉凶	中吉	小凶	小吉	中凶	小吉	中凶

否	小畜	訟	屯	觀	隨	大有	泰	比	需	坤	臨
持平	小凶	小吉	中吉	中凶	大吉	大吉	中吉	小凶	大吉	持平	中凶

未濟	中孚	兌	豐	艮	革	升	夬	解	家人	大壯	咸
中凶	小吉	小凶	小吉	持平	中吉	中凶	中吉	小吉	大吉	中凶	中吉

遯	離	頤	復	小過	渙	旅	漸	鼎	困	姤	損
中吉	大凶	大吉	持平	中凶	中吉	持平	中凶	小吉	小吉	小凶	大吉

								既濟	節	巽	歸妹
								中吉	中凶	持平	小吉

屋向在師方位

玄關方位	乾	蒙	師	履	同人	豫
吉凶	小吉	小凶	持平	大吉	大凶	中吉

玄關方位	謙	蠱	噬嗑	賁	无妄	大過
吉凶	小凶	中吉	中吉	小凶	小凶	中吉

玄關方位	剝	大畜	坎	恒	晉	睽
吉凶	小凶	中吉	持平	中凶	小吉	小凶

玄關方位	明夷	蹇	益	萃	井	震
吉凶	中吉	大吉	小吉	小凶	持平	中吉

否	小畜	訟	屯	觀	隨	大有	泰	比	需	坤	臨
中吉	大凶	中吉	中凶	大凶	持平	小吉	中吉	小凶	中吉	中凶	小吉

未濟	中孚	兌	豐	艮	革	升	夬	解	家人	大壯	咸
小吉	持平	小凶	中吉	大吉	中凶	中吉	小吉	小凶	大吉	持平	中吉

遯	離	頤	復	小過	渙	旅	漸	鼎	困	姤	損
中吉	小凶	中吉	小凶	小吉	持平	中凶	中凶	小吉	中凶	小吉	中吉

								既濟	節	巽	歸妹
								中吉	中凶	小吉	小吉

屋向在履方位

玄關方位	乾	蒙	師	履	同人	豫
吉凶	中吉	小吉	持平	小凶	大吉	中凶

玄關方位	謙	蠱	噬嗑	賁	无妄	大過
吉凶	小吉	小凶	大吉	大吉	中凶	中吉

玄關方位	剝	大畜	坎	恒	晉	睽
吉凶	中凶	大凶	小吉	小凶	中吉	小吉

玄關方位	明夷	蹇	益	萃	井	震
吉凶	中吉	小凶	小凶	中吉	持平	大吉

否	小畜	訟	屯	觀	隨	大有	泰	比	需	坤	臨
中吉	小吉	中凶	小吉	中吉	持平	大凶	大凶	持平	小吉	小凶	中吉

未濟	中孚	兌	豐	艮	革	升	夬	解	家人	大壯	咸
小凶	小吉	中吉	中凶	小吉	持平	中吉	小凶	中吉	中凶	小吉	小凶

遯	離	頤	復	小過	渙	旅	漸	鼎	困	姤	損
中吉	持平	中凶	小吉	小吉	中凶	小凶	大吉	大吉	中凶	小吉	持平

								既濟	節	巽	歸妹
								小吉	小凶	中凶	小吉

屋向在同人方位

玄關方位	乾	蒙	師	履	同人	豫
吉凶	大凶	大凶	中吉	持平	中凶	小吉

玄關方位	謙	蠱	噬嗑	賁	无妄	大過
吉凶	小吉	持平	小凶	大吉	中凶	小凶

玄關方位	剝	大畜	坎	恒	晉	睽
吉凶	大吉	中凶	小吉	大凶	大吉	持平

玄關方位	明夷	蹇	益	萃	井	震
吉凶	中吉	中凶	小凶	中凶	小吉	大吉

否	小畜	訟	屯	觀	隨	大有	泰	比	需	坤	臨
中吉	持平	小凶	小吉	小吉	中凶	小凶	小吉	中凶	中吉	小吉	小凶

未濟	中孚	兌	豐	艮	革	升	夬	解	家人	大壯	咸
中吉	中吉	大凶	中凶	持平	小凶	小吉	大吉	大凶	中凶	小吉	持平

遯	離	頤	復	小過	渙	旅	漸	鼎	困	姤	損
持平	大凶	小吉	中吉	中凶	小吉	小凶	中凶	中吉	持平	小吉	小吉

								既濟	節	巽	歸妹
								中凶	持平	小吉	小吉

屋向在豫方位

玄關方位	乾	蒙	師	履	同人	豫
吉凶	中凶	中吉	持平	大凶	大凶	中吉

玄關方位	謙	蠱	噬嗑	賁	无妄	大過
吉凶	小凶	中吉	大吉	持平	中凶	大吉

玄關方位	剝	大畜	坎	恒	晉	睽
吉凶	小凶	持平	中凶	小吉	中凶	中吉

玄關方位	明夷	蹇	益	萃	井	震
吉凶	小凶	小吉	持平	小吉	中凶	中吉

否	小畜	訟	屯	觀	隨	大有	泰	比	需	坤	臨
小吉	小凶	持平	中吉	中吉	持平	大吉	中凶	大吉	小凶	小吉	中吉

未濟	中孚	兌	豐	艮	革	升	夬	解	家人	大壯	咸
中吉	小凶	持平	中吉	中吉	小凶	小吉	中吉	大凶	中凶	中吉	大吉

遯	離	頤	復	小過	渙	旅	漸	鼎	困	姤	損
持平	大吉	小凶	小吉	大凶	大吉	中吉	持平	小凶	小吉	中吉	中吉

								既濟	節	巽	歸妹
								大凶	持平	中吉	中吉

屋向在臨方位

玄關方位	乾	蒙	師	履	同人	豫
吉凶	持平	小吉	小凶	中吉	中吉	持平

玄關方位	謙	蠱	噬嗑	賁	无妄	大過
吉凶	中吉	中吉	中凶	大吉	持平	大吉

玄關方位	剝	大畜	坎	恒	晉	睽
吉凶	大吉	大凶	小吉	小吉	中吉	小凶

玄關方位	明夷	蹇	益	萃	井	震
吉凶	持平	中吉	中吉	小凶	小吉	持平

否	小畜	訟	屯	觀	隨	大有	泰	比	需	坤	臨
中吉	持平	中凶	中凶	小凶	大吉	小吉	大凶	中凶	大吉	大吉	中凶

未濟	中孚	兌	豐	艮	革	升	夬	解	家人	大壯	咸
小吉	中凶	中吉	小吉	小吉	中凶	大吉	持平	大吉	中吉	中凶	中凶

遯	離	頤	復	小過	渙	旅	漸	鼎	困	姤	損
小凶	持平	持平	中凶	小吉	小凶	大吉	大凶	中吉	中吉	持平	小凶

								既濟	節	巽	歸妹
								中凶	中吉	小吉	小凶

屋向在坤方位

玄關方位	乾	蒙	師	履	同人	豫
吉凶	小吉	中吉	中凶	持平	大凶	大吉

玄關方位	謙	蠱	噬嗑	賁	无妄	大過
吉凶	小凶	小吉	持平	小吉	中吉	中凶

玄關方位	剝	大畜	坎	恒	晉	睽
吉凶	中凶	中吉	小凶	小凶	持平	大吉

玄關方位	明夷	蹇	益	萃	井	震
吉凶	中凶	小吉	小凶	小吉	中吉	持平

否	小畜	訟	屯	觀	隨	大有	泰	比	需	坤	臨
大凶	大凶	中吉	小吉	小凶	中吉	中吉	持平	小凶	小吉	中吉	持平

未濟	中孚	兌	豐	艮	革	升	夬	解	家人	大壯	咸
大吉	大吉	中凶	持平	持平	中凶	小吉	小凶	中吉	小吉	大吉	中凶

遯	離	頤	復	小過	渙	旅	漸	鼎	困	姤	損
大吉	持平	中凶	中凶	小吉	小吉	中凶	中凶	持平	中吉	大吉	大吉

								既濟	節	巽	歸妹
								大吉	大吉	中凶	中吉

屋向在震方位

玄關方位	乾	蒙	師	履	同人	豫
吉凶	中吉	中凶	中吉	大凶	大凶	持平

玄關方位	謙	蠱	噬嗑	賁	无妄	大過
吉凶	小凶	持平	中吉	大吉	大吉	中吉

玄關方位	剝	大畜	坎	恒	晉	睽
吉凶	大凶	小吉	中凶	中吉	持平	中吉

玄關方位	明夷	蹇	益	萃	井	震
吉凶	中凶	中吉	大凶	大凶	小吉	持平

否	小畜	訟	屯	觀	隨	大有	泰	比	需	坤	臨
持平	小凶	中凶	中凶	小吉	小凶	持平	中吉	大吉	中吉	小凶	小吉

未濟	中孚	兌	豐	艮	革	升	夬	解	家人	大壯	咸
中吉	小吉	持平	中凶	中吉	小吉	小吉	中凶	小吉	中吉	大凶	大凶

遯	離	頤	復	小過	渙	旅	漸	鼎	困	姤	損
小凶	小吉	中凶	中吉	大吉	大吉	持平	大凶	中吉	中凶	小凶	小吉

								既濟	節	巽	歸妹
								持平	中吉	中凶	小吉

屋向在比方位

玄關方位	乾	蒙	師	履	同人	豫
吉凶	持平	中凶	中凶	中凶	持平	大吉

玄關方位	謙	蠱	噬嗑	賁	无妄	大過
吉凶	持平	中吉	大凶	大凶	小吉	小吉

玄關方位	剝	大畜	坎	恒	晉	睽
吉凶	小凶	大吉	大吉	小吉	持平	大凶

玄關方位	明夷	蹇	益	萃	井	震
吉凶	大吉	大吉	小凶	小吉	中凶	持平

否	小畜	訟	屯	觀	隨	大有	泰	比	需	坤	臨
持平	小凶	小吉	小吉	中吉	中凶	大凶	大凶	中吉	小吉	小吉	大吉

未濟	中孚	兌	豐	艮	革	升	夬	解	家人	大壯	咸
中凶	小吉	小凶	中吉	小凶	中吉	中吉	持平	小凶	大吉	持平	大凶

遯	離	頤	復	小過	渙	旅	漸	鼎	困	姤	損
中吉	中吉	持平	小凶	中凶	小吉	小吉	中凶	中凶	大吉	中吉	中凶

								既濟	節	巽	歸妹
								小吉	小吉	中吉	中凶

屋向在泰方位

玄關方位	乾	蒙	師	履	同人	豫
吉凶	小吉	大吉	中凶	持平	中凶	小吉

玄關方位	謙	蠱	噬嗑	賁	无妄	大過
吉凶	小吉	持平	中凶	中吉	大吉	大吉

玄關方位	剝	大畜	坎	恒	晉	睽
吉凶	大吉	大凶	小吉	小吉	持平	中凶

玄關方位	明夷	蹇	益	萃	井	震
吉凶	小吉	持平	小凶	中吉	中凶	小吉

否	小畜	訟	屯	觀	隨	大有	泰	比	需	坤	臨
中吉	中凶	大凶	中吉	小凶	持平	小吉	中凶	中吉	大凶	大吉	小凶

未濟	中孚	兌	豐	艮	革	升	夬	解	家人	大壯	咸
小吉	小凶	持平	中凶	小吉	小凶	中吉	持平	小凶	中吉	中凶	小凶

遯	離	頤	復	小過	渙	旅	漸	鼎	困	姤	損
小吉	中凶	小凶	小吉	中凶	持平	中凶	大吉	大吉	小凶	小吉	中凶

								既濟	節	巽	歸妹
								中吉	小凶	小吉	持平

屋向在大有方位

玄關方位	乾	蒙	師	履	同人	豫
吉凶	小吉	小吉	中吉	中凶	持平	小凶

玄關方位	謙	蠱	噬嗑	賁	无妄	大過
吉凶	小吉	中吉	小凶	小吉	中凶	小吉

玄關方位	剝	大畜	坎	恒	晉	睽
吉凶	小凶	大吉	持平	中吉	中凶	中凶

玄關方位	明夷	蹇	益	萃	井	震
吉凶	大吉	小吉	中凶	中凶	中吉	中吉

否	小畜	訟	屯	觀	隨	大有	泰	比	需	坤	臨
中吉	大凶	小凶	小吉	中吉	持平	中凶	中吉	小吉	小凶	大吉	中吉

未濟	中孚	兌	豐	艮	革	升	夬	解	家人	大壯	咸
小吉	持平	大吉	中凶	中凶	小吉	小凶	中吉	持平	中吉	小凶	持平

遯	離	頤	復	小過	渙	旅	漸	鼎	困	姤	損
中吉	中凶	小吉	持平	持平	大吉	大吉	小凶	中凶	持平	小吉	小吉

								既濟	節	巽	歸妹
								中凶	持平	小吉	小吉

屋向在隨方位

玄關方位	吉凶
乾	持平
蒙	中吉
師	大吉
履	中凶
同人	小凶
豫	小吉

玄關方位	吉凶
謙	中吉
蠱	中凶
噬嗑	持平
賁	大吉
无妄	小吉
大過	小凶

玄關方位	吉凶
剝	中吉
大畜	中吉
坎	大凶
恒	小凶
晉	小吉
睽	持平

玄關方位	吉凶
明夷	中吉
蹇	大吉
益	大吉
萃	持平
井	小凶
震	中吉

否	小畜	訟	屯	觀	隨	大有	泰	比	需	坤	臨
大凶	中吉	中吉	大凶	大凶	中吉	中吉	小凶	小凶	中吉	持平	中吉

未濟	中孚	兌	豐	艮	革	升	夬	解	家人	大壯	咸
中凶	中吉	大吉	大吉	持平	小凶	小吉	小凶	中凶	大吉	大吉	中凶

遯	離	頤	復	小過	渙	旅	漸	鼎	困	姤	損
小凶	小吉	持平	中凶	中吉	小凶	小吉	持平	持平	中吉	中凶	小吉

								既濟	節	巽	歸妹
								中吉	中吉	小凶	小凶

屋向在觀方位

玄關方位	乾	蒙	師	履	同人	豫
吉凶	小凶	小凶	大凶	持平	中吉	中吉

玄關方位	謙	蠱	噬嗑	賁	无妄	大過
吉凶	小吉	小凶	大吉	大吉	持平	中吉

玄關方位	剝	大畜	坎	恒	晉	睽
吉凶	持平	中吉	小吉	小吉	中凶	持平

玄關方位	明夷	蹇	益	萃	井	震
吉凶	中凶	持平	中凶	大凶	小吉	大吉

否	小畜	訟	屯	觀	隨	大有	泰	比	需	坤	臨
持平	中吉	小凶	小吉	中凶	中吉	大吉	持平	大吉	大凶	中凶	小凶

未濟	中孚	兌	豐	艮	革	升	夬	解	家人	大壯	咸
大吉	小凶	持平	小吉	中吉	中吉	中凶	小吉	持平	持平	小吉	中凶

遯	離	頤	復	小過	渙	旅	漸	鼎	困	姤	損
持平	小凶	小吉	小凶	持平	中吉	小吉	中凶	小吉	小吉	中吉	中凶

								既濟	節	巽	歸妹
								持平	中凶	小吉	大吉

屋向在屯方位

玄關方位	乾	蒙	師	履	同人	豫
吉凶	持平	中吉	持平	中凶	中凶	小吉

玄關方位	謙	蠱	噬嗑	賁	无妄	大過
吉凶	中吉	大吉	大凶	小凶	小吉	中吉

玄關方位	剝	大畜	坎	恒	晉	睽
吉凶	中吉	中凶	持平	小凶	小吉	大吉

玄關方位	明夷	蹇	益	萃	井	震
吉凶	小吉	小凶	中凶	小凶	持平	中吉

否	小畜	訟	屯	観	隨	大有	泰	比	需	坤	臨
小凶	中吉	中吉	小凶	中吉	中吉	持平	大吉	大吉	中凶	中凶	小吉

未濟	中孚	兌	豐	艮	革	升	夬	解	家人	大壯	咸
小吉	持平	中吉	中凶	小吉	小凶	大凶	大吉	持平	中吉	小凶	中吉

遯	離	頤	復	小過	渙	旅	漸	鼎	困	姤	損
小吉	中吉	小凶	持平	小凶	中吉	中凶	大凶	中凶	小吉	持平	中吉

								既濟	節	巽	歸妹
								持平	小凶	大凶	中吉

屋向在訟方位

玄關方位	乾	蒙	師	履	同人	豫
吉凶	中吉	中吉	持平	小吉	中凶	小吉

玄關方位	謙	蠱	噬嗑	賁	无妄	大過
吉凶	中吉	中吉	小凶	中凶	持平	小吉

玄關方位	剝	大畜	坎	恒	晉	睽
吉凶	中吉	小吉	小凶	中吉	持平	中凶

玄關方位	明夷	蹇	益	萃	井	震
吉凶	中吉	大吉	大吉	持平	中凶	小吉

否	小畜	訟	屯	觀	隨	大有	泰	比	需	坤	臨
中吉	小凶	持平	中吉	大凶	大吉	小凶	持平	小吉	中凶	中凶	小吉

未濟	中孚	兌	豐	艮	革	升	夬	解	家人	大壯	咸
中吉	大凶	大吉	中凶	中吉	持平	小凶	小吉	中凶	中凶	中吉	小吉

遯	離	頤	復	小過	渙	旅	漸	鼎	困	姤	損
中吉	持平	小凶	小吉	中吉	中凶	持平	小凶	小吉	中吉	小凶	中凶

								旣濟	節	巽	歸妹
								中吉	小凶	小吉	中凶

屋向在小畜方位

玄關方位	乾	蒙	師	履	同人	豫
吉凶	持平	小吉	小吉	中吉	中吉	大凶

玄關方位	謙	蠱	噬嗑	賁	无妄	大過
吉凶	小凶	小凶	中吉	中凶	大吉	大吉

玄關方位	剝	大畜	坎	恒	晉	睽
吉凶	中凶	中吉	小吉	小凶	持平	中吉

玄關方位	明夷	蹇	益	萃	井	震
吉凶	大吉	中吉	中吉	中凶	小凶	持平

否	小畜	訟	屯	觀	隨	大有	泰	比	需	坤	臨
大凶	中凶	小凶	小吉	小吉	持平	中吉	小吉	中吉	中凶	中凶	持平

未濟	中孚	兌	豐	艮	革	升	夬	解	家人	大壯	咸
持平	大吉	中吉	中凶	小凶	小吉	中吉	小吉	小吉	持平	中凶	中吉

遯	離	頤	復	小過	渙	旅	漸	鼎	困	姤	損
中凶	中吉	持平	中吉	小吉	小吉	持平	持平	小凶	中凶	小吉	中吉

								既濟	節	巽	歸妹
								小吉	中凶	小吉	小吉

屋向在否方位

玄關方位	乾	蒙	師	履	同人	豫
吉凶	大吉	大吉	中吉	持平	中凶	中凶

玄關方位	謙	蠱	噬嗑	賁	无妄	大過
吉凶	持平	小吉	中吉	中吉	中凶	大吉

玄關方位	剝	大畜	坎	恒	晉	睽
吉凶	小吉	小凶	大凶	大凶	持平	中吉

玄關方位	明夷	蹇	益	萃	井	震
吉凶	中凶	持平	小凶	小吉	小凶	中凶

否	小畜	訟	屯	觀	隨	大有	泰	比	需	坤	臨
持平	中吉	中吉	小凶	小吉	中吉	持平	大吉	小凶	小吉	中吉	小凶

未濟	中孚	兌	豐	艮	革	升	夬	解	家人	大壯	咸
小吉	持平	小吉	小凶	中凶	中吉	中凶	持平	大凶	持平	小吉	中吉

遯	離	頤	復	小過	渙	旅	漸	鼎	困	姤	損
小凶	小吉	中凶	持平	小凶	中凶	中吉	中吉	小吉	持平	小凶	中凶

								既濟	節	巽	歸妹
								大吉	大吉	持平	大吉

屋向在謙方位

玄關方位	乾	蒙	師	履	同人	豫
吉凶	中凶	中凶	小吉	持平	小吉	大吉

玄關方位	謙	蠱	噬嗑	賁	无妄	大過
吉凶	持平	中吉	中吉	小凶	小吉	小凶

玄關方位	剝	大畜	坎	恒	晉	睽
吉凶	中吉	持平	中凶	中凶	大吉	小吉

玄關方位	明夷	蹇	益	萃	井	震
吉凶	小吉	中吉	小凶	小凶	中凶	持平

否	小畜	訟	屯	觀	隨	大有	泰	比	需	坤	臨
小吉	持平	中凶	中吉	中吉	小吉	小凶	持平	中吉	中吉	中凶	大吉

未濟	中孚	兌	豐	艮	革	升	夬	解	家人	大壯	咸
小吉	中凶	中凶	持平	小吉	小凶	持平	大凶	大吉	中吉	中吉	中吉

遯	離	頤	復	小過	渙	旅	漸	鼎	困	姤	損
大吉	中吉	小凶	小凶	小吉	中吉	持平	中吉	中吉	小凶	小凶	持平

								既濟	節	巽	歸妹
								大吉	中凶	中吉	中吉

屋向在蠱方位

玄關方位	乾	蒙	師	履	同人	豫
吉凶	中吉	持平	大吉	中吉	中凶	小凶

玄關方位	謙	蠱	噬嗑	賁	无妄	大過
吉凶	大吉	大吉	小吉	小凶	持平	中凶

玄關方位	剝	大畜	坎	恒	晉	睽
吉凶	中吉	持平	中凶	中凶	小吉	小吉

玄關方位	明夷	蹇	益	萃	井	震
吉凶	中吉	大吉	小吉	持平	中凶	小凶

否	小畜	訟	屯	觀	隨	大有	泰	比	需	坤	臨
中凶	持平	小吉	小吉	小凶	中凶	中吉	大吉	大凶	小吉	持平	小凶

未濟	中孚	兌	豐	艮	革	升	夬	解	家人	大壯	咸
持平	小吉	小吉	小凶	中吉	持平	中吉	大凶	大吉	大吉	小吉	持平

遯	離	頤	復	小過	渙	旅	漸	鼎	困	姤	損
大吉	大吉	小凶	小凶	中吉	中吉	持平	中凶	小凶	小吉	中吉	中吉

								既濟	節	巽	歸妹
								持平	中吉	中吉	小吉

屋向在噬嗑方位

玄關方位	乾	蒙	師	履	同人	豫
吉凶	小吉	小吉	大吉	持平	中凶	中凶

玄關方位	謙	蠱	噬嗑	賁	无妄	大過
吉凶	中吉	中吉	持平	中吉	中凶	大凶

玄關方位	剝	大畜	坎	恒	晉	睽
吉凶	中吉	中吉	小吉	大吉	中凶	中吉

玄關方位	明夷	蹇	益	萃	井	震
吉凶	持平	小吉	中吉	中吉	持平	中凶

否	小畜	訟	屯	觀	隨	大有	泰	比	需	坤	臨
小吉	中凶	大凶	大凶	小吉	小吉	持平	中凶	中凶	持平	小吉	小吉

未濟	中孚	兌	豐	艮	革	升	夬	解	家人	大壯	咸
小吉	小吉	中凶	中凶	持平	小吉	中吉	中吉	大吉	大凶	大凶	持平

遯	離	頤	復	小過	渙	旅	漸	鼎	困	姤	損
大吉	大凶	持平	持平	小吉	中凶	中吉	中凶	小凶	持平	小吉	中凶

								既濟	節	巽	歸妹
								大吉	持平	大凶	大凶

屋向在賁方位

玄關方位	乾	蒙	師	履	同人	豫
吉凶	中吉	小凶	中凶	中吉	持平	大吉

玄關方位	謙	蠱	噬嗑	賁	无妄	大過
吉凶	中凶	持平	小凶	大吉	小吉	中凶

玄關方位	剝	大畜	坎	恒	晉	睽
吉凶	小吉	中凶	大吉	小凶	中吉	持平

玄關方位	明夷	蹇	益	萃	井	震
吉凶	中凶	小吉	持平	大凶	中吉	小凶

否	小畜	訟	屯	觀	隨	大有	泰	比	需	坤	臨
持平	大凶	小吉	中吉	小凶	小凶	大吉	持平	小凶	中吉	小吉	小凶

未濟	中孚	兌	豐	艮	革	升	夬	解	家人	大壯	咸
中吉	小吉	大凶	持平	大凶	中吉	小吉	中凶	中吉	大吉	持平	小吉

遯	離	頤	復	小過	渙	旅	漸	鼎	困	姤	損
大吉	小凶	中凶	中吉	小凶	中吉	持平	小凶	大吉	小吉	小凶	中吉

								既濟	節	巽	歸妹
								大吉	中凶	中吉	持平

屋向在旡妄方位

玄關方位	乾	蒙	師	履	同人	豫
吉凶	中吉	大凶	小吉	中凶	持平	中吉

玄關方位	謙	蠱	噬嗑	賁	旡妄	大過
吉凶	小吉	中吉	持平	大凶	小吉	中吉

玄關方位	剝	大畜	坎	恒	晉	睽
吉凶	中凶	小吉	中凶	小凶	持平	小吉

玄關方位	明夷	蹇	益	萃	井	震
吉凶	小吉	中凶	小吉	小凶	中凶	中吉

否	小畜	訟	屯	觀	隨	大有	泰	比	需	坤	臨
小吉	持平	小凶	大吉	中凶	小吉	小吉	中凶	小凶	持平	小吉	大凶

未濟	中孚	兌	豐	艮	革	升	夬	解	家人	大壯	咸
小吉	中凶	持平	中吉	大凶	小吉	中凶	持平	中吉	小凶	持平	大吉

遯	離	頤	復	小過	渙	旅	漸	鼎	困	姤	損
小凶	小凶	中吉	中吉	小凶	持平	大凶	小吉	中吉	小凶	中吉	大吉

								既濟	節	巽	歸妹
								中凶	小吉	持平	持平

屋向在大過方位

玄關方位	吉凶
乾	小吉
蒙	中吉
師	大吉
履	小吉
同人	持平
豫	中吉

玄關方位	吉凶
謙	中凶
蠱	大吉
噬嗑	小吉
賁	持平
旡妄	小吉
大過	中凶

玄關方位	吉凶
剝	持平
大畜	中吉
坎	小凶
恒	持平
晉	大吉
睽	大吉

玄關方位	吉凶
明夷	小吉
蹇	持平
益	中吉
萃	中凶
井	中凶
震	小吉

否	小畜	訟	屯	觀	隨	大有	泰	比	需	坤	臨
小凶	中吉	中吉	小凶	大凶	持平	小吉	小凶	中凶	持平	中吉	小凶

未濟	中孚	兌	豐	艮	革	升	夬	解	家人	大壯	咸
小吉	小吉	中吉	持平	中凶	小凶	大吉	持平	大吉	中吉	小凶	中凶

遯	離	頤	復	小過	渙	旅	漸	鼎	困	姤	損
小吉	中凶	持平	中吉	小吉	中吉	小凶	持平	小凶	中吉	中凶	小吉

								既濟	節	巽	歸妹
								小吉	持平	中凶	小吉

屋向在咸方位

玄關方位	乾	蒙	師	履	同人	豫
吉凶	持平	中吉	小吉	中凶	大吉	小凶

玄關方位	謙	蠱	噬嗑	賁	无妄	大過
吉凶	大吉	小吉	中凶	小吉	持平	小吉

玄關方位	剝	大畜	坎	恒	晉	睽
吉凶	大凶	小吉	持平	大吉	中凶	中凶

玄關方位	明夷	蹇	益	萃	井	震
吉凶	小吉	小凶	持平	大吉	中凶	持平

否	小畜	訟	屯	觀	隨	大有	泰	比	需	坤	臨
中吉	小吉	大吉	持平	小凶	中吉	大凶	小凶	中凶	小吉	持平	中吉

未濟	中孚	兌	豐	艮	革	升	夬	解	家人	大壯	咸
小凶	中凶	大吉	小吉	持平	小凶	中吉	小吉	小凶	持平	中凶	中吉

遯	離	頤	復	小過	渙	旅	漸	鼎	困	姤	損
持平	持平	中凶	小吉	小吉	中吉	持平	小凶	中吉	小凶	小吉	持平

								既濟	節	巽	歸妹
								持平	小吉	中吉	小吉

屋向在大壯方位

玄關方位	吉凶
乾	小吉
蒙	大凶
師	持平
履	小吉
同人	大凶
豫	中吉

玄關方位	吉凶
謙	大凶
蠱	小凶
噬嗑	小吉
賁	中凶
无妄	持平
大過	小吉

玄關方位	吉凶
剝	中吉
大畜	持平
坎	小吉
恒	小凶
晉	大吉
睽	中吉

玄關方位	吉凶
明夷	大吉
蹇	小吉
益	小凶
萃	持平
井	中吉
震	大吉

否	小畜	訟	屯	觀	隨	大有	泰	比	需	坤	臨
持平	大凶	小吉	中吉	大凶	持平	小吉	中吉	中凶	小凶	持平	中吉

未濟	中孚	兌	豐	艮	革	升	夬	解	家人	大壯	咸
中凶	持平	小吉	小吉	中吉	大凶	持平	小凶	中吉	小凶	大凶	中吉

遯	離	頤	復	小過	渙	旅	漸	鼎	困	姤	損
持平	小吉	大凶	中凶	小吉	持平	小吉	中凶	大凶	小吉	持平	小吉

								既濟	節	巽	歸妹
								中吉	持平	中凶	小凶

屋向在家人方位

玄關方位	乾	蒙	師	履	同人	豫
吉凶	中吉	中凶	持平	小凶	大吉	持平

玄關方位	謙	蠱	噬嗑	賁	无妄	大過
吉凶	持平	中吉	大吉	小凶	中凶	中吉

玄關方位	剝	大畜	坎	恒	晉	睽
吉凶	中吉	小吉	持平	小吉	中凶	中吉

玄關方位	明夷	蹇	益	萃	井	震
吉凶	持平	大吉	小吉	小凶	持平	中凶

否	小畜	訟	屯	觀	隨	大有	泰	比	需	坤	臨
大吉	小凶	持平	小凶	中吉	中吉	小凶	大吉	中凶	小吉	小吉	中凶

未濟	中孚	兌	豐	艮	革	升	夬	解	家人	大壯	咸
大吉	小凶	中吉	持平	小凶	中吉	大吉	小凶	大凶	小吉	中凶	持平

遯	離	頤	復	小過	渙	旅	漸	鼎	困	姤	損
中凶	中吉	小吉	中凶	小吉	持平	大凶	大吉	小吉	中吉	小凶	大吉

								既濟	節	巽	歸妹
								持平	小凶	大吉	中吉

屋向在解方位

玄關方位	乾	蒙	師	履	同人	豫
吉凶	小吉	中凶	中吉	大吉	小凶	持平

玄關方位	謙	蠱	噬嗑	賁	无妄	大過
吉凶	小吉	中吉	大凶	持平	中吉	大凶

玄關方位	剝	大畜	坎	恒	晉	睽
吉凶	小吉	中凶	持平	大吉	大凶	中吉

玄關方位	明夷	蹇	益	萃	井	震
吉凶	持平	小凶	小吉	中吉	小吉	持平

否	小畜	訟	屯	觀	隨	大有	泰	比	需	坤	臨
中凶	中凶	小吉	中吉	小凶	小吉	中凶	小吉	大吉	持平	大凶	中凶

未濟	中孚	兌	豐	艮	革	升	夬	解	家人	大壯	咸
中吉	大吉	大凶	持平	持平	中凶	小吉	小凶	中吉	小吉	大凶	持平

遯	離	頤	復	小過	渙	旅	漸	鼎	困	姤	損
小吉	小吉	持平	持平	中吉	大凶	小凶	小吉	持平	中吉	小凶	小吉

								既濟	節	巽	歸妹
								中凶	小凶	大吉	小吉

屋向在夬方位

玄關方位	吉凶
乾	持平
蒙	持平
師	中吉
履	小凶
同人	中吉
豫	中凶

玄關方位	吉凶
謙	小凶
蠱	中吉
噬嗑	大吉
賁	持平
旡妄	小凶
大過	小吉

玄關方位	吉凶
剝	小凶
大畜	中凶
坎	持平
恒	大吉
晉	持平
睽	大吉

玄關方位	吉凶
明夷	大吉
蹇	中吉
益	小凶
萃	小吉
井	持平
震	中吉

否	小畜	訟	屯	觀	隨	大有	泰	比	需	坤	臨
小吉	小吉	中凶	小凶	持平	小吉	中凶	小吉	大凶	持平	小吉	大吉

未濟	中孚	兌	豐	艮	革	升	夬	解	家人	大壯	咸
中吉	小吉	中凶	大吉	小吉	持平	中凶	大凶	大吉	中吉	持平	小凶

遯	離	頤	復	小過	渙	旅	漸	鼎	困	姤	損
持平	中吉	中吉	小凶	中吉	小凶	中凶	小吉	中吉	持平	中凶	小吉

								既濟	節	巽	歸妹
								小吉	中吉	大凶	大凶

屋向在升方位

玄關方位	乾	蒙	師	履	同人	豫
吉凶	小吉	中吉	大吉	持平	中吉	中凶

玄關方位	謙	蠱	噬嗑	賁	无妄	大過
吉凶	持平	中吉	大凶	小凶	中吉	中吉

玄關方位	剝	大畜	坎	恒	晉	睽
吉凶	小吉	中吉	小凶	小凶	持平	大吉

玄關方位	明夷	蹇	益	萃	井	震
吉凶	小吉	小凶	中吉	中吉	大凶	小凶

否	小畜	訟	屯	觀	隨	大有	泰	比	需	坤	臨
中吉	中凶	小吉	大吉	持平	小凶	中吉	中吉	小凶	大吉	持平	小凶

未濟	中孚	兌	豐	艮	革	升	夬	解	家人	大壯	咸
中凶	持平	小吉	中凶	小吉	大凶	持平	小吉	中凶	大吉	小凶	小凶

遯	離	頤	復	小過	渙	旅	漸	鼎	困	姤	損
大吉	中凶	中吉	持平	小吉	中凶	小吉	小凶	中吉	大吉	小吉	中凶

								既濟	節	巽	歸妹
								大凶	中吉	小吉	持平

屋向在革方位

玄關方位	乾	蒙	師	履	同人	豫
吉凶	中吉	中吉	小吉	大凶	持平	大吉

玄關方位	謙	蠱	噬嗑	賁	无妄	大過
吉凶	小吉	持平	中凶	中吉	大凶	小凶

玄關方位	剝	大畜	坎	恒	晉	睽
吉凶	小凶	中吉	小吉	持平	小吉	中凶

玄關方位	明夷	蹇	益	萃	井	震
吉凶	小吉	中凶	持平	小吉	大凶	小吉

否	小畜	訟	屯	觀	隨	大有	泰	比	需	坤	臨
中吉	小吉	持平	大凶	小吉	中凶	小凶	中凶	持平	小吉	小吉	中吉

未濟	中孚	兌	豐	艮	革	升	夬	解	家人	大壯	咸
小凶	中吉	小凶	持平	大吉	小凶	大吉	小吉	持平	小吉	中凶	中吉

遯	離	頤	復	小過	渙	旅	漸	鼎	困	姤	損
大吉	持平	小吉	中凶	小吉	大凶	中凶	小吉	大吉	小凶	中凶	持平

								既濟	節	巽	歸妹
								小吉	中吉	持平	中吉

屋向在艮方位

玄關方位	乾	蒙	師	履	同人	豫
吉凶	持平	中凶	中吉	持平	小凶	中吉

玄關方位	謙	蠱	噬嗑	賁	无妄	大過
吉凶	小凶	大吉	中吉	小吉	持平	小凶

玄關方位	剝	大畜	坎	恒	晉	暌
吉凶	小凶	中吉	持平	中凶	小凶	大吉

玄關方位	明夷	蹇	益	萃	井	震
吉凶	中吉	中凶	小吉	小吉	持平	中凶

否	小畜	訟	屯	觀	隨	大有	泰	比	需	坤	臨
持平	大凶	小吉	小凶	大吉	持平	中吉	小凶	中吉	大凶	小吉	持平

未濟	中孚	兌	豐	艮	革	升	夬	解	家人	大壯	咸
中凶	小吉	持平	大吉	小凶	持平	中吉	小凶	大吉	持平	中凶	中吉

遯	離	頤	復	小過	渙	旅	漸	鼎	困	姤	損
中凶	持平	小吉	小吉	中凶	大吉	小吉	中凶	持平	大吉	中凶	小吉

								既濟	節	巽	歸妹
								中吉	持平	小凶	小吉

屋向在豐方位

玄關方位	乾	蒙	師	履	同人	豫
吉凶	中吉	中吉	小凶	持平	小吉	中凶

玄關方位	謙	蠱	噬嗑	賁	无妄	大過
吉凶	小吉	中吉	中吉	小凶	大凶	持平

玄關方位	剝	大畜	坎	恒	晉	睽
吉凶	小吉	中吉	持平	大凶	中凶	中吉

玄關方位	明夷	蹇	益	萃	井	震
吉凶	中凶	中吉	小吉	大吉	持平	大凶

否	小畜	訟	屯	觀	隨	大有	泰	比	需	坤	臨
中吉	中凶	小凶	中吉	小凶	持平	中吉	中吉	大吉	小凶	持平	大凶

未濟	中孚	兌	豐	艮	革	升	夬	解	家人	大壯	咸
小吉	持平	持平	大吉	中吉	小凶	中凶	持平	中吉	小凶	大吉	中凶

遯	離	頤	復	小過	渙	旅	漸	鼎	困	姤	損
小吉	中吉	小凶	持平	中凶	大吉	大凶	小吉	持平	大吉	小吉	小凶

								既濟	節	巽	歸妹
								小凶	持平	中吉	中凶

屋向在兌方位

玄關方位	乾	蒙	師	履	同人	豫
吉凶	大吉	小吉	持平	大吉	小凶	中吉

玄關方位	謙	蠱	噬嗑	賁	无妄	大過
吉凶	持平	中凶	小吉	中凶	大吉	小吉

玄關方位	剝	大畜	坎	恒	晉	睽
吉凶	中凶	小吉	持平	小凶	中吉	中吉

玄關方位	明夷	蹇	益	萃	井	震
吉凶	大吉	中凶	小吉	持平	小凶	中吉

否	小畜	訟	屯	觀	隨	大有	泰	比	需	坤	臨
大吉	小凶	中凶	大吉	小吉	小凶	中凶	持平	小吉	小吉	中凶	中吉

未濟	中孚	兌	豐	艮	革	升	夬	解	家人	大壯	咸
中吉	小凶	中吉	小吉	持平	大吉	小凶	中凶	大吉	小凶	小吉	持平

遯	離	頤	復	小過	渙	旅	漸	鼎	困	姤	損
持平	中凶	小吉	小凶	中吉	小吉	中凶	持平	小吉	大吉	中凶	小凶

								既濟	節	巽	歸妹
								小吉	中凶	持平	大吉

屋向在中孚方位

玄關方位	乾	蒙	師	履	同人	豫
吉凶	小凶	持平	中凶	中吉	大吉	小凶

玄關方位	謙	蠱	噬嗑	賁	无妄	大過
吉凶	中凶	大吉	大吉	持平	小吉	中吉

玄關方位	剝	大畜	坎	恒	晉	睽
吉凶	中凶	持平	小凶	中吉	小凶	小吉

玄關方位	明夷	蹇	益	萃	井	震
吉凶	持平	小吉	中吉	大凶	大凶	中吉

否	小畜	訟	屯	觀	隨	大有	泰	比	需	坤	臨
大吉	持平	大凶	小吉	大吉	中凶	中吉	小凶	持平	小吉	中吉	中凶

未濟	中孚	兌	豐	艮	革	升	夬	解	家人	大壯	咸
中凶	小凶	中吉	中吉	小凶	持平	大吉	小吉	中凶	持平	大凶	中凶

遯	離	頤	復	小過	渙	旅	漸	鼎	困	姤	損
小凶	小吉	大凶	大吉	持平	中吉	小凶	中凶	小吉	小吉	中凶	持平

								既濟	節	巽	歸妹
								小凶	中吉	持平	小吉

屋向在未濟方位

玄關方位	乾	蒙	師	履	同人	豫
吉凶	小吉	小吉	持平	中吉	大凶	小凶

玄關方位	謙	蠱	噬嗑	賁	无妄	大過
吉凶	大吉	中凶	中凶	中吉	持平	小吉

玄關方位	剝	大畜	坎	恒	晉	睽
吉凶	持平	大吉	中吉	小吉	小吉	中凶

玄關方位	明夷	蹇	益	萃	井	震
吉凶	中吉	持平	小吉	中凶	中凶	小吉

否	小畜	訟	屯	觀	隨	大有	泰	比	需	坤	臨
小凶	持平	中吉	中吉	大凶	大吉	中吉	小凶	大吉	持平	中凶	小吉

未濟	中孚	兌	豐	艮	革	升	夬	解	家人	大壯	咸
小凶	小吉	中凶	小凶	持平	大吉	大凶	中吉	中吉	小凶	中吉	持平

遯	離	頤	復	小過	渙	旅	漸	鼎	困	姤	損
中吉	小吉	小凶	中凶	小吉	持平	中凶	小凶	小吉	中吉	持平	中吉

								既濟	節	巽	歸妹
								持平	中吉	中凶	小吉

屋向在剝方位

玄關方位	乾	蒙	師	履	同人	豫
吉凶	中吉	中吉	小凶	持平	小吉	中吉

玄關方位	謙	蠱	噬嗑	賁	无妄	大過
吉凶	大吉	大吉	中凶	小凶	小吉	持平

玄關方位	剝	大畜	坎	恒	晉	睽
吉凶	中凶	持平	中凶	小凶	大吉	小吉

玄關方位	明夷	蹇	益	萃	井	震
吉凶	小吉	小凶	持平	中吉	大吉	小凶

否	小畜	訟	屯	觀	隨	大有	泰	比	需	坤	臨
中吉	中吉	大凶	持平	小凶	中吉	小凶	小吉	中吉	中凶	小凶	大吉

未濟	中孚	兌	豐	艮	革	升	夬	解	家人	大壯	咸
小吉	大吉	小凶	中吉	大凶	小吉	小吉	大凶	持平	中吉	中吉	小凶

遯	離	頤	復	小過	渙	旅	漸	鼎	困	姤	損
小吉	小凶	大凶	大凶	小吉	中吉	持平	大凶	大吉	小吉	中凶	小吉

								既濟	節	巽	歸妹
								中吉	中吉	持平	中凶

屋向在大畜方位

玄關方位	乾	蒙	師	履	同人	豫
吉凶	中吉	中吉	持平	小吉	小吉	中吉

玄關方位	謙	蠱	噬嗑	賁	无妄	大過
吉凶	中凶	大凶	大凶	持平	持平	中吉

玄關方位	剝	大畜	坎	恒	晉	睽
吉凶	大吉	大吉	中吉	中凶	小凶	小凶

玄關方位	明夷	蹇	益	萃	井	震
吉凶	中凶	大凶	大吉	持平	中吉	中吉

否	小畜	訟	屯	觀	隨	大有	泰	比	需	坤	臨
中吉	持平	大凶	大凶	小吉	小吉	中吉	小凶	中凶	持平	持平	中凶

未濟	中孚	兌	豐	艮	革	升	夬	解	家人	大壯	咸
中吉	小吉	持平	小凶	中吉	中吉	大吉	大凶	中凶	中凶	小吉	小吉

遯	離	頤	復	小過	渙	旅	漸	鼎	困	姤	損
大吉	小吉	小凶	小凶	中凶	持平	中吉	中吉	小吉	中吉	持平	小吉

								既濟	節	巽	歸妹
								小凶	持平	中凶	大凶

屋向在坎方位

玄關方位	乾	蒙	師	履	同人	豫
吉凶	小凶	小凶	中凶	持平	中凶	中吉

玄關方位	謙	蠱	噬嗑	賁	无妄	大過
吉凶	中吉	中吉	持平	中凶	大凶	大凶

玄關方位	剝	大畜	坎	恒	晉	睽
吉凶	小凶	小吉	中吉	中吉	持平	小凶

玄關方位	明夷	蹇	益	萃	井	震
吉凶	大吉	中吉	中吉	中凶	大吉	大吉

否	小畜	訟	屯	觀	隨	大有	泰	比	需	坤	臨
中吉	中吉	中凶	持平	小凶	中凶	小吉	小吉	持平	持平	大吉	大吉

未濟	中孚	兌	豐	艮	革	升	夬	解	家人	大壯	咸
小凶	大吉	大吉	中凶	小凶	持平	小凶	小吉	小吉	中吉	小吉	持平

遯	離	頤	復	小過	渙	旅	漸	鼎	困	姤	損
小吉	中吉	中吉	小凶	持平	小凶	中凶	中吉	大吉	大吉	大凶	中吉

								既濟	節	巽	歸妹
								小凶	小凶	中凶	持平

屋向在恒方位

玄關方位	吉凶
乾	中吉
蒙	中吉
師	中凶
履	持平
同人	中吉
豫	小吉

玄關方位	吉凶
謙	小凶
蠱	持平
噬嗑	小吉
賁	中吉
无妄	大吉
大過	小凶

玄關方位	吉凶
剝	中凶
大畜	中凶
坎	小吉
恒	持平
晉	小吉
睽	中吉

玄關方位	吉凶
明夷	小吉
蹇	持平
益	小吉
萃	小凶
井	中凶
震	中凶

否	小畜	訟	屯	觀	隨	大有	泰	比	需	坤	臨
小凶	小吉	中凶	小吉	小吉	小吉	中吉	持平	大凶	大凶	大凶	小吉

未濟	中孚	兌	豐	艮	革	升	夬	解	家人	大壯	咸
小凶	持平	中吉	中吉	中吉	小凶	小凶	持平	小凶	中凶	大吉	大吉

遯	離	頤	復	小過	渙	旅	漸	鼎	困	姤	損
小吉	小凶	中凶	持平	中吉	中吉	小凶	中吉	小凶	持平	小凶	中凶

								既濟	節	巽	歸妹
								大吉	持平	大吉	中吉

屋向在晉方位

玄關方位	乾	蒙	師	履	同人	豫
吉凶	中凶	中吉	小吉	小凶	持平	大吉

玄關方位	謙	蠱	噬嗑	賁	无妄	大過
吉凶	小吉	持平	持平	中吉	中凶	中吉

玄關方位	剝	大畜	坎	恒	晉	睽
吉凶	小吉	持平	中吉	持平	中凶	小凶

玄關方位	明夷	蹇	益	萃	井	震
吉凶	中吉	小吉	中凶	小凶	小凶	持平

否	小畜	訟	屯	觀	隨	大有	泰	比	需	坤	臨
持平	小吉	大吉	中凶	中凶	小凶	小凶	中吉	中吉	中吉	持平	大吉

未濟	中孚	兌	豐	艮	革	升	夬	解	家人	大壯	咸
小凶	小凶	持平	持平	中凶	中凶	中吉	小吉	小吉	小凶	大吉	小吉

遯	離	頤	復	小過	渙	旅	漸	鼎	困	姤	損
中吉	小吉	小凶	持平	大吉	大吉	持平	中凶	小凶	小吉	中吉	小吉

								既濟	節	巽	歸妹
								持平	小吉	中吉	中吉

屋向在睽方位

玄關方位	乾	蒙	師	履	同人	豫
吉凶	大凶	中吉	持平	中凶	中吉	中凶

玄關方位	謙	蠱	噬嗑	賁	无妄	大過
吉凶	持平	小凶	小吉	大凶	中吉	中凶

玄關方位	剝	大畜	坎	恒	晉	睽
吉凶	大吉	大吉	持平	持平	中凶	小凶

玄關方位	明夷	蹇	益	萃	井	震
吉凶	持平	大凶	大吉	大吉	中吉	小凶

否	小畜	訟	屯	觀	隨	大有	泰	比	需	坤	臨
小吉	小吉	持平	持平	小凶	中吉	中吉	中吉	持平	小凶	小凶	小吉

未濟	中孚	兌	豐	艮	革	升	夬	解	家人	大壯	咸
小凶	持平	小吉	中凶	中吉	中吉	小吉	大凶	小凶	持平	持平	小凶

遯	離	頤	復	小過	渙	旅	漸	鼎	困	姤	損
中凶	中吉	中吉	小凶	持平	小凶	中吉	中凶	中吉	中吉	小吉	小凶

								既濟	節	巽	歸妹
								小吉	中吉	持平	中凶

屋向在損方位

玄關方位	乾	蒙	師	履	同人	豫
吉凶	大吉	大吉	持平	小吉	小凶	中凶

玄關方位	謙	蠱	噬嗑	賁	无妄	大過
吉凶	大吉	小吉	大吉	小凶	持平	小凶

玄關方位	剝	大畜	坎	恒	晉	睽
吉凶	大吉	持平	中凶	小凶	小凶	中吉

玄關方位	明夷	蹇	益	萃	井	震
吉凶	大吉	大吉	小吉	持平	中凶	大吉

否	小畜	訟	屯	觀	隨	大有	泰	比	需	坤	臨
小吉	小凶	持平	持平	持平	中吉	中凶	大吉	小凶	小吉	持平	中吉

未濟	中孚	兌	豐	艮	革	升	夬	解	家人	大壯	咸
小吉	中吉	中吉	大吉	小凶	大吉	持平	持平	大吉	中吉	中吉	中凶

遯	離	頤	復	小過	渙	旅	漸	鼎	困	姤	損
中吉	小吉	持平	中吉	小吉	中凶	小吉	小吉	持平	中凶	持平	大吉

								既濟	節	巽	歸妹
								中凶	持平	小凶	大吉

屋向在姤方位

玄關方位	吉凶
乾	持平
蒙	大吉
師	小吉
履	中吉
同人	中凶
豫	中凶

玄關方位	吉凶
謙	小吉
蠱	持平
噬嗑	中吉
賁	中凶
无妄	中凶
大過	小凶

玄關方位	吉凶
剝	大凶
大畜	小凶
坎	持平
恒	中吉
晉	小吉
睽	持平

玄關方位	吉凶
明夷	中凶
蹇	持平
益	小吉
萃	小吉
井	小吉
震	中凶

否	小畜	訟	屯	觀	隨	大有	泰	比	需	坤	臨
中吉	中吉	持平	持平	中凶	中凶	持平	大吉	大吉	小吉	小凶	小凶

未濟	中孚	兌	豐	艮	革	升	夬	解	家人	大壯	咸
小吉	小吉	中凶	小凶	大吉	中吉	持平	小吉	中吉	大凶	小凶	小凶

遯	離	頤	復	小過	渙	旅	漸	鼎	困	姤	損
中凶	小吉	小凶	中吉	大凶	大吉	持平	小凶	中凶	中凶	小吉	中吉

								既濟	節	巽	歸妹
								中吉	中凶	小吉	持平

屋向在困方位

玄關方位	乾	蒙	師	履	同人	豫
吉凶	小吉	小吉	小凶	中吉	大吉	大吉

玄關方位	謙	蠱	噬嗑	賁	无妄	大過
吉凶	中吉	中吉	小凶	中凶	持平	大凶

玄關方位	剝	大畜	坎	恒	晉	睽
吉凶	小凶	小凶	小凶	持平	大吉	小凶

玄關方位	明夷	蹇	益	萃	井	震
吉凶	中吉	小吉	大吉	小吉	中凶	持平

否	小畜	訟	屯	觀	隨	大有	泰	比	需	坤	臨
大吉	大吉	小吉	小凶	中凶	小吉	小凶	大凶	中凶	中吉	持平	持平

未濟	中孚	兌	豐	艮	革	升	夬	解	家人	大壯	咸
中凶	持平	持平	大吉	小吉	中吉	中凶	大吉	小吉	小凶	大吉	中吉

遯	離	頤	復	小過	渙	旅	漸	鼎	困	姤	損
小吉	小凶	小凶	持平	持平	持平	小凶	小凶	中凶	小吉	大吉	大吉

								既濟	節	巽	歸妹
								中凶	小吉	中凶	持平

屋向在鼎方位

玄關方位	乾	蒙	師	履	同人	豫
吉凶	大凶	小吉	大吉	中凶	中吉	大凶

玄關方位	謙	蠱	噬嗑	賁	无妄	大過
吉凶	中凶	持平	持平	中吉	小吉	中凶

玄關方位	剝	大畜	坎	恒	晉	睽
吉凶	小凶	大凶	中吉	大吉	中凶	持平

玄關方位	明夷	蹇	益	萃	井	震
吉凶	小凶	中吉	小凶	大凶	小吉	持平

否	小畜	訟	屯	觀	隨	大有	泰	比	需	坤	臨
中凶	持平	大凶	小凶	大凶	大吉	持平	中凶	小吉	大吉	小凶	中吉

未濟	中孚	兌	豐	艮	革	升	夬	解	家人	大壯	咸
小凶	持平	中吉	小凶	小吉	中吉	持平	小吉	中吉	持平	小凶	中吉

遯	離	頤	復	小過	渙	旅	漸	鼎	困	姤	損
小吉	小凶	中吉	大凶	中凶	持平	中吉	小凶	大凶	中吉	小凶	持平

								既濟	節	巽	歸妹
								小凶	小吉	大吉	中凶

屋向在漸方位

玄關方位	乾	蒙	師	履	同人	豫
吉凶	持平	大吉	小凶	大吉	大吉	小凶

玄關方位	謙	蠱	噬嗑	賁	无妄	大過
吉凶	小吉	中吉	持平	大吉	小吉	持平

玄關方位	剝	大畜	坎	恒	晉	睽
吉凶	大吉	大吉	小凶	中凶	中吉	小吉

玄關方位	明夷	蹇	益	萃	井	震
吉凶	中吉	大凶	小吉	大吉	持平	大吉

否	小畜	訟	屯	觀	隨	大有	泰	比	需	坤	臨
中凶	中吉	中吉	小吉	持平	持平	小吉	小凶	中吉	中吉	中凶	小凶

未濟	中孚	兌	豐	艮	革	升	夬	解	家人	大壯	咸
大凶	大吉	小吉	中吉	中凶	小吉	持平	持平	持平	中吉	中吉	中凶

遯	離	頤	復	小過	渙	旅	漸	鼎	困	姤	損
中吉	中凶	小凶	小吉	小吉	中吉	持平	大凶	大凶	大凶	小吉	持平

								既濟	節	巽	歸妹
								中吉	中凶	持平	小吉

屋向在旅方位

玄關方位	乾	蒙	師	履	同人	豫
吉凶	大凶	小吉	中凶	小凶	中吉	小吉

玄關方位	謙	蠱	噬嗑	賁	无妄	大過
吉凶	小凶	中凶	中凶	小凶	持平	大吉

玄關方位	剝	大畜	坎	恒	晉	睽
吉凶	中吉	持平	中吉	中凶	小凶	大吉

玄關方位	明夷	蹇	益	萃	井	震
吉凶	小吉	大吉	大吉	持平	中凶	小凶

否	小畜	訟	屯	觀	隨	大有	泰	比	需	坤	臨
中吉	小凶	持平	持平	大凶	中吉	中吉	中凶	大凶	小凶	小吉	持平

未濟	中孚	兌	豐	艮	革	升	夬	解	家人	大壯	咸
小吉	大吉	中吉	中吉	小凶	小凶	小吉	持平	大吉	大吉	中凶	小吉

遯	離	頤	復	小過	渙	旅	漸	鼎	困	姤	損
中吉	中吉	持平	小凶	大凶	持平	大吉	中吉	小吉	小吉	小凶	中凶

								既濟	節	巽	歸妹
								持平	中凶	小凶	小吉

屋向在渙方位

玄關方位	乾	蒙	師	履	同人	豫
吉凶	小凶	中吉	持平	中吉	小凶	中吉

玄關方位	謙	蠱	噬嗑	賁	无妄	大過
吉凶	大吉	中吉	小凶	小凶	中吉	持平

玄關方位	剝	大畜	坎	恒	晉	睽
吉凶	中吉	小吉	中吉	小凶	中吉	小凶

玄關方位	明夷	蹇	益	萃	井	震
吉凶	大吉	中吉	中凶	小吉	中吉	小吉

否	小畜	訟	屯	觀	隨	大有	泰	比	需	坤	臨
大凶	持平	小凶	大凶	中凶	持平	大吉	小凶	中凶	持平	小凶	小吉

未濟	中孚	兌	豐	艮	革	升	夬	解	家人	大壯	咸
中凶	小凶	大凶	小吉	大吉	持平	中吉	小吉	中吉	中吉	大吉	小凶

遯	離	頤	復	小過	渙	旅	漸	鼎	困	姤	損
小吉	小凶	中凶	小凶	中吉	小吉	中吉	小凶	中吉	大吉	小凶	中凶

								既濟	節	巽	歸妹
								中凶	小吉	小吉	持平

屋向在小過方位

玄關方位	吉凶
乾	大吉
蒙	小吉
師	中吉
履	大吉
同人	小吉
豫	中吉

玄關方位	吉凶
謙	小凶
蠱	中吉
噬嗑	大凶
賁	小吉
无妄	持平
大過	中凶

玄關方位	吉凶
剝	小吉
大畜	小凶
坎	中凶
恒	持平
晉	小凶
睽	小吉

玄關方位	吉凶
明夷	小凶
蹇	持平
益	大凶
萃	中凶
井	小吉
震	小吉

否	小畜	訟	屯	觀	隨	大有	泰	比	需	坤	臨
小凶	中凶	小凶	持平	大凶	小凶	持平	中凶	小凶	大吉	大吉	中吉

未濟	中孚	兌	豐	艮	革	升	夬	解	家人	大壯	咸
小凶	小吉	大吉	小凶	持平	中吉	小吉	大吉	小吉	中凶	持平	小凶

遯	離	頤	復	小過	渙	旅	漸	鼎	困	姤	損
小凶	小吉	持平	小凶	大凶	小吉	大吉	中凶	小凶	小吉	持平	大吉

								既濟	節	巽	歸妹
								持平	中凶	持平	小凶

屋向在復方位

玄關方位	乾	蒙	師	履	同人	豫
吉凶	中凶	大凶	中吉	大凶	中吉	小吉

玄關方位	謙	蠱	噬嗑	賁	无妄	大過
吉凶	中吉	大凶	中凶	小凶	中凶	持平

玄關方位	剝	大畜	坎	恒	晉	暌
吉凶	中凶	小凶	中吉	小凶	中吉	小吉

玄關方位	明夷	蹇	益	萃	井	震
吉凶	持平	中凶	小吉	中吉	中凶	小凶

否	小畜	訟	屯	觀	隨	大有	泰	比	需	坤	臨
小吉	小吉	大凶	中凶	大吉	中凶	持平	小吉	中凶	小吉	持平	小凶

未濟	中孚	兌	豐	艮	革	升	夬	解	家人	大壯	咸
持平	中吉	小吉	中凶	小凶	中吉	持平	持平	小凶	中吉	小凶	小吉

遯	離	頤	復	小過	渙	旅	漸	鼎	困	姤	損
中吉	小凶	中凶	大凶	持平	中凶	小吉	持平	持平	中凶	中吉	小凶

								既濟	節	巽	歸妹
								中吉	中凶	大凶	大凶

屋向在頤方位

玄關方位	乾	蒙	師	履	同人	豫
吉凶	中凶	中吉	小凶	大吉	中凶	小凶

玄關方位	謙	蠱	噬嗑	賁	无妄	大過
吉凶	大凶	中凶	中凶	小凶	小吉	中吉

玄關方位	剝	大畜	坎	恒	晉	睽
吉凶	持平	中凶	小吉	中吉	大吉	小凶

玄關方位	明夷	蹇	益	萃	井	震
吉凶	小吉	持平	小吉	小凶	中凶	中凶

否	小畜	訟	屯	觀	隨	大有	泰	比	需	坤	臨
小凶	中凶	持平	持平	中吉	小吉	中吉	小凶	中吉	持平	中凶	大吉

未濟	中孚	兌	豐	艮	革	升	夬	解	家人	大壯	咸
中吉	小凶	中凶	持平	中凶	小凶	大吉	中吉	小凶	持平	中凶	持平

遯	離	頤	復	小過	渙	旅	漸	鼎	困	姤	損
中吉	小吉	小凶	小吉	小凶	中凶	中凶	大吉	中凶	大凶	中吉	中凶

								既濟	節	巽	歸妹
								小凶	中凶	大吉	持平

屋向在離方位

玄關方位	乾	蒙	師	履	同人	豫
吉凶	小凶	小凶	中吉	小凶	中凶	大凶

玄關方位	謙	蠱	噬嗑	賁	无妄	大過
吉凶	小吉	中凶	中吉	小凶	中吉	小吉

玄關方位	剝	大畜	坎	恒	晉	睽
吉凶	小凶	中凶	小凶	大凶	持平	中凶

玄關方位	明夷	蹇	益	萃	井	震
吉凶	大凶	持平	中凶	中吉	小凶	中吉

否	小畜	訟	屯	觀	隨	大有	泰	比	需	坤	臨
中凶	中凶	小吉	小吉	中吉	中凶	大凶	大吉	小凶	小吉	小凶	大吉

未濟	中孚	兌	豐	艮	革	升	夬	解	家人	大壯	咸
持平	中吉	小凶	持平	小吉	小凶	中凶	大凶	小吉	持平	中吉	持平

遯	離	頤	復	小過	渙	旅	漸	鼎	困	姤	損
中凶	中吉	小吉	中凶	持平	小吉	中凶	持平	小凶	中吉	小吉	小凶

								既濟	節	巽	歸妹
								大凶	中凶	小凶	小凶

屋向在遯方位

玄關方位	乾	蒙	師	履	同人	豫
吉凶	大凶	中凶	小吉	持平	中吉	小凶

玄關方位	謙	蠱	噬嗑	賁	无妄	大過
吉凶	中凶	持平	小凶	大吉	大吉	中凶

玄關方位	剝	大畜	坎	恒	晉	睽
吉凶	小吉	大凶	中凶	小凶	中吉	中吉

玄關方位	明夷	蹇	益	萃	井	震
吉凶	中凶	小凶	中凶	持平	中吉	中吉

否	小畜	訟	屯	觀	隨	大有	泰	比	需	坤	臨
中凶	持平	大凶	中吉	小凶	大吉	中凶	小吉	大吉	中凶	小凶	中吉

未濟	中孚	兌	豐	艮	革	升	夬	解	家人	大壯	咸
中凶	中吉	小凶	中吉	持平	中凶	中吉	大吉	小凶	持平	中吉	小凶

遯	離	頤	復	小過	渙	旅	漸	鼎	困	姤	損
小凶	小凶	中吉	小凶	中凶	中吉	中凶	持平	大吉	大凶	中凶	小凶

								既濟	節	巽	歸妹
								中凶	小凶	中吉	小凶

屋向在明夷方位

玄關方位	乾	蒙	師	履	同人	豫
吉凶	持平	持平	小吉	中凶	中凶	大吉

玄關方位	謙	蠱	噬嗑	賁	无妄	大過
吉凶	大凶	小凶	小吉	中凶	中吉	小凶

玄關方位	剝	大畜	坎	恒	晉	睽
吉凶	中吉	小凶	中凶	大吉	中凶	中吉

玄關方位	明夷	蹇	益	萃	井	震
吉凶	小凶	中凶	大吉	中吉	大吉	小凶

否	小畜	訟	屯	觀	隨	大有	泰	比	需	坤	臨
小凶	中凶	大吉	持平	中凶	小凶	持平	大吉	大吉	大吉	小凶	中凶

未濟	中孚	兌	豐	艮	革	升	夬	解	家人	大壯	咸
中吉	小吉	大凶	大吉	中凶	小凶	中吉	中凶	持平	小凶	大吉	大吉

遯	離	頤	復	小過	渙	旅	漸	鼎	困	姤	損
大吉	中吉	中凶	中凶	小吉	中吉	大吉	中凶	小凶	大吉	中凶	小吉

								既濟	節	巽	歸妹
								小凶	小凶	大吉	中凶

屋向在蹇方位

玄關方位	乾	蒙	師	履	同人	豫
吉凶	中吉	大吉	大凶	小凶	中吉	中凶

玄關方位	謙	蠱	噬嗑	賁	无妄	大過
吉凶	持平	中凶	中凶	小吉	中凶	大吉

玄關方位	剝	大畜	坎	恒	晉	暌
吉凶	持平	小吉	小凶	中吉	小凶	大凶

玄關方位	明夷	蹇	益	萃	井	震
吉凶	小凶	中凶	大吉	中凶	小吉	中凶

否	小畜	訟	屯	觀	隨	大有	泰	比	需	坤	臨
中凶	中吉	大吉	大凶	中凶	持平	中凶	大吉	小吉	中吉	小吉	持平

未濟	中孚	兌	豐	艮	革	升	夬	解	家人	大壯	咸
小吉	大吉	大凶	中凶	中吉	小凶	持平	持平	大吉	大凶	小吉	中凶

遯	離	頤	復	小過	渙	旅	漸	鼎	困	姤	損
中凶	中吉	大凶	大凶	小凶	小吉	大吉	小凶	中吉	中凶	持平	中凶

								既濟	節	巽	歸妹
								持平	中凶	小凶	大吉

屋向在益方位

玄關方位	乾	蒙	師	履	同人	豫
吉凶	小凶	大凶	持平	小凶	中吉	中凶

玄關方位	謙	蠱	噬嗑	賁	无妄	大過
吉凶	中凶	小吉	小凶	大吉	中凶	中吉

玄關方位	剝	大畜	坎	恒	晉	睽
吉凶	大凶	持平	小凶	中吉	持平	小吉

玄關方位	明夷	蹇	益	萃	井	震
吉凶	中吉	持平	中吉	小吉	小凶	大吉

否	小畜	訟	屯	觀	隨	大有	泰	比	需	坤	臨
小凶	小吉	中凶	中吉	小凶	持平	持平	中吉	中凶	大吉	小凶	中吉

未濟	中孚	兌	豐	艮	革	升	夬	解	家人	大壯	咸
小凶	中吉	持平	大吉	中凶	大吉	中凶	小凶	小吉	中吉	大吉	中凶

遯	離	頤	復	小過	渙	旅	漸	鼎	困	姤	損
小吉	中凶	大吉	中凶	小凶	中吉	小凶	中凶	小凶	小凶	中吉	大凶

								既濟	節	巽	歸妹
								中吉	大凶	小凶	大吉

屋向在萃方位

玄關方位	乾	蒙	師	履	同人	豫
吉凶	小凶	中吉	大吉	持平	持平	大吉

玄關方位	謙	蠱	噬嗑	賁	无妄	大過
吉凶	中吉	持平	小凶	小凶	中凶	大凶

玄關方位	剝	大畜	坎	恒	晉	睽
吉凶	小凶	持平	大凶	小吉	中吉	大吉

玄關方位	明夷	蹇	益	萃	井	震
吉凶	小吉	持平	中凶	中吉	小凶	小凶

否	小畜	訟	屯	觀	隨	大有	泰	比	需	坤	臨
小凶	大吉	中凶	持平	中吉	小凶	小凶	中吉	小凶	大吉	中吉	中凶

未濟	中孚	兌	豐	艮	革	升	夬	解	家人	大壯	咸
中吉	小吉	大凶	中吉	中凶	持平	中吉	中凶	小凶	中吉	大吉	大吉

遯	離	頤	復	小過	渙	旅	漸	鼎	困	姤	損
中吉	中吉	小凶	小凶	中凶	持平	大吉	小凶	大吉	中凶	持平	小凶

								既濟	節	巽	歸妹
								小凶	小吉	中凶	大吉

屋向在井方位

玄關方位	乾	蒙	師	履	同人	豫
吉凶	小吉	小凶	中凶	大凶	大吉	中吉

玄關方位	謙	蠱	噬嗑	賁	无妄	大過
吉凶	大凶	中吉	大凶	中凶	大吉	小吉

玄關方位	剝	大畜	坎	恒	晉	睽
吉凶	小凶	大吉	中凶	持平	持平	小凶

玄關方位	明夷	蹇	益	萃	井	震
吉凶	小吉	持平	大吉	中吉	小凶	中凶

否	小畜	訟	屯	觀	隨	大有	泰	比	需	坤	臨
中凶	中吉	小凶	大凶	持平	持平	大凶	大吉	大吉	小凶	中吉	小凶

未濟	中孚	兌	豐	艮	革	升	夬	解	家人	大壯	咸
小凶	持平	中凶	大凶	大吉	小凶	中吉	大凶	中吉	小吉	持平	大凶

遯	離	頤	復	小過	渙	旅	漸	鼎	困	姤	損
小吉	中吉	中凶	大吉	大凶	持平	中吉	中吉	持平	大凶	中吉	大吉

								既濟	節	巽	歸妹
								中吉	大吉	中凶	大吉

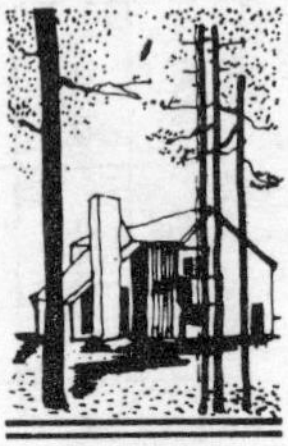

屋向在震方位

玄關方位	乾	蒙	師	履	同人	豫
吉凶	大凶	中吉	中凶	小凶	大吉	中吉

玄關方位	謙	蠱	噬嗑	賁	无妄	大過
吉凶	小吉	中吉	小凶	中吉	持平	中吉

玄關方位	剝	大畜	坎	恒	晉	睽
吉凶	大凶	小凶	小吉	中吉	中吉	持平

玄關方位	明夷	蹇	益	萃	井	震
吉凶	大凶	小吉	小凶	大吉	中凶	中凶

否	小畜	訟	屯	觀	隨	大有	泰	比	需	坤	臨
小凶	小吉	中吉	中凶	小吉	中凶	大吉	小吉	小凶	大吉	中凶	小凶

未濟	中孚	兌	豐	艮	革	升	夬	解	家人	大壯	咸
大吉	中吉	中凶	小凶	大吉	大吉	持平	小凶	持平	大吉	小凶	大吉

遯	離	頤	復	小過	渙	旅	漸	鼎	困	姤	損
中凶	中吉	小凶	小吉	持平	持平	小凶	小凶	中吉	大凶	大吉	小凶

								既濟	節	巽	歸妹
								中吉	中凶	大吉	大凶

屋向在歸妹方位

玄關方位	乾	蒙	師	履	同人	豫
吉凶	持平	小凶	大吉	中凶	小吉	大吉

玄關方位	謙	蠱	噬嗑	賁	无妄	大過
吉凶	小凶	大吉	小吉	小吉	中吉	大凶

玄關方位	剝	大畜	坎	恒	晉	睽
吉凶	中凶	小吉	大凶	持平	小吉	大凶

玄關方位	明夷	蹇	益	萃	井	震
吉凶	大凶	中吉	大吉	小凶	持平	大吉

否	小畜	訟	屯	觀	隨	大有	泰	比	需	坤	臨
持平	中吉	小凶	大凶	大吉	大吉	中吉	持平	小凶	持平	中凶	小吉

未濟	中孚	兌	豐	艮	革	升	夬	解	家人	大壯	咸
大凶	持平	中吉	小凶	小吉	大吉	中凶	小凶	中吉	小凶	大吉	小凶

遯	離	頤	復	小過	渙	旅	漸	鼎	困	姤	損
中吉	小凶	大凶	中吉	大吉	小吉	持平	持平	大吉	中吉	中吉	大凶

								旣濟	節	巽	歸妹
								中凶	大吉	小吉	中吉

屋向在巽方位

玄關方位	乾	蒙	師	履	同人	豫
吉凶	小凶	持平	中凶	小吉	小凶	大吉

玄關方位	謙	蠱	噬嗑	賁	旡妄	大過
吉凶	大吉	中凶	持平	中吉	中凶	大吉

玄關方位	剝	大畜	坎	恒	晉	睽
吉凶	持平	大吉	小凶	大吉	小凶	持平

玄關方位	明夷	蹇	益	萃	井	震
吉凶	小吉	中吉	中凶	小凶	大吉	中凶

否	小畜	訟	屯	觀	隨	大有	泰	比	需	坤	臨
小吉	中吉	小凶	持平	中凶	大吉	小凶	持平	中凶	中吉	小凶	大凶

未濟	中孚	兌	豐	艮	革	升	夬	解	家人	大壯	咸
中吉	持平	小凶	持平	中凶	中吉	小吉	中吉	中凶	大吉	大吉	小凶

遯	離	頤	復	小過	渙	旅	漸	鼎	困	姤	損
持平	大吉	中吉	小凶	持平	中凶	大吉	小凶	大吉	小吉	中凶	中吉

								既濟	節	巽	歸妹
								小吉	小凶	中凶	小凶

屋向在節方位

玄關方位	乾	蒙	師	履	同人	豫
吉凶	小吉	中凶	大吉	小凶	小吉	持平

玄關方位	謙	蠱	噬嗑	賁	无妄	大過
吉凶	中凶	大吉	中凶	中凶	大吉	小凶

玄關方位	剝	大畜	坎	恒	晉	睽
吉凶	小凶	中吉	大凶	中吉	小凶	小吉

玄關方位	明夷	蹇	益	萃	井	震
吉凶	大凶	小凶	持平	中凶	大凶	小吉

否	小畜	訟	屯	觀	隨	大有	泰	比	需	坤	臨
小凶	大凶	中吉	大吉	小凶	中凶	小吉	大吉	小凶	中吉	大凶	大吉

未濟	中孚	兌	豐	艮	革	升	夬	解	家人	大壯	咸
持平	大吉	小凶	小吉	小吉	大吉	中凶	小凶	持平	中吉	小凶	大吉

遯	離	頤	復	小過	渙	旅	漸	鼎	困	姤	損
持平	小凶	大吉	中凶	大吉	持平	持平	大凶	中吉	小吉	持平	小凶

								既濟	節	巽	歸妹
								小吉	大吉	持平	中凶

屋向在既濟方位

玄關方位	乾	蒙	師	履	同人	豫
吉凶	小吉	小吉	小凶	中凶	持平	小凶

玄關方位	謙	蠱	噬嗑	賁	无妄	大過
吉凶	大凶	大吉	大吉	小凶	持平	小吉

玄關方位	剝	大畜	坎	恒	晉	睽
吉凶	小凶	小吉	中吉	小凶	大凶	小吉

玄關方位	明夷	蹇	益	萃	井	震
吉凶	中吉	中凶	持平	小凶	中凶	大凶

否	小畜	訟	屯	觀	隨	大有	泰	比	需	坤	臨
大吉	小凶	中凶	持平	小凶	大吉	小凶	大凶	持平	小凶	大凶	中凶

未濟	中孚	兌	豐	艮	革	升	夬	解	家人	大壯	咸
小吉	小凶	持平	中凶	小吉	小凶	大凶	小吉	大吉	小凶	中凶	大吉

遯	離	頤	復	小過	渙	旅	漸	鼎	困	姤	損
持平	中吉	中凶	小吉	大吉	小凶	中吉	大吉	中凶	持平	中吉	中吉

								既濟	節	巽	歸妹
								持平	中吉	小吉	大吉

第六章～

宅内隔間擇鑑及配置

身為人類，假設其壽命為七十歲的話，那麼他有六十九年的時間在室內渡過，從在醫院的手術枱上出生到育嬰室，臥房到辦公室，百分之九十五以上受到建築的屏障，有人說：人的一生可分三部分——吃飯、工作、睡覺，試問那一項可以在室外進行？古人早就意識到住宅的重要性，所以特別重視居住的環境，而有種種禁忌，今天我們所要做的無非就是對古人的智慧結晶作一番的研究整理，並為新住宅學做催生的工作。

由於工業進步的快速步伐，以及人類永無止盡的出生速率，造成社會上人潮的擁擠，人與人之間為求一席生存之地，彼此爭得你死我活，建築商也為了爭得一吋之地，而費盡心思的求最大建地，最大容積，他們都不理睬方位的影響，只因他們並非居住者，向陽的房子可以賣，背陽的房子也可以賣得呱呱叫；相同的，我們為了自己的益處而擇居，既然是相同的價錢，我們又為什麼不選擇一個條件最好，最適合自己的居處呢？

屋宅以實用為主，實用者必順乎自然，而本書所牽涉之方位吉凶即以自然之氣勢為依據，所以能確實符合一般人的需要。物質文明愈進步，人類愈重視聲、色的刺激，住宅方面則注重奢侈的裝潢，高級的享受，而忽略了他們所應該特別注意的配置問題，殊不知住宅隔間配置和我們關係之密切，猶如風和雨、雲和霧一樣，影響著我們的婚姻、戀愛、工作、考試、營業甚至和我們身體的健康、精神上的快樂，只要有一樣不適合，而居住者又未認知，必會帶來極大的困擾。

筆者執業期間，曾經遭遇到各種不同形式的問題，經過一番整理後，也都順利化解，這並無啥神奇，只是把握住宅學上的理論，再加上自己平日的研究心得，讀者切不要以爲住宅吉凶事小，許多人常常在這樁小事上遇到終生不解的難題，房間的配置是一門很大的學問，因爲它要考慮的因素太多：

1、方位：隔間的中心和隔間門戶中心連線所形成的方位，參照六十四方位吉凶，所得出的結果爲何？這是房間配置上很重要的問題。

2、位置：說明這個隔間在屋宅上所屬的位置，以隔間的中心和屋宅中心的連線形成一個方位，再參照六十四方位圖，判斷適合與否。

3、距離：這裏所指的距離是指一個人平均每天在家裏所走動的路線長度的和，以一個普通人而言，每天從起床走到浴室，再走進廚房，然後到餐廳，接著到客廳，最後出大門，這樣來來回回，若是一個家庭主婦的話，不知道要走多少趟，如果配置不當，當然對精神或健康都會產生影響。

$$距離=\frac{隔間之間的距離（公尺）\times 次數}{365（天）}=a\ 公尺／天$$

4、美觀：這是較其次的因素，但却不容忽視，假如你一進門就是臥房，而非客廳，觸目所及都是一些非禮勿視的東西，無論主人、客人都感到很難爲情；或者將洗手間安排在大門邊，一進門就聞到一股異味，也是不適當。

5、實用：這個因素也很重要，實際上綜合了上述四點即達到實用原則，不過有一點比較要注意，譬如樓梯間的門，方向老早就固定下來，根本就不能動彈，假如硬要更改，只會徒增不便。

6、經濟：爲了達到最大的效用，屋宅內的空間必須充分利用，不能有絲毫浪費跡象。

以上六個因素原則，如果要求面面俱到，似乎不可能，古代的家相學家比較重視前二項，現代的建築師們則較重視後者，筆者的看法是二者均不可偏廢，而以住宅主要用途爲依歸。家相的主體是人類生活而不是屋宅吉凶，總要以人類生活的舒適爲最高的目標。

人類爲了追求更多的物質文明，由架木爲巢到穴洞而居，由木造到石造到磚造到水泥，這一連串的改變象徵著人類的能力，人的力量可以移山塡海，但是却無法改變冥冥中既定的運勢，祖先們運用他們的智慧整理出一些結果，必需要再靠我們的繼續努力，寫到此地，筆者就有一種感覺，中華民族的確是世界上智慧最高的民族，我們的思考方式也是出類拔萃，雖然今日在科技上無法與外國一爭長短，但中華民國是一個有根底的民族，發展之期必將指日可待。

屋宅的隔間除店鋪或辦公大樓外，一般均可分爲下面這幾部分：

1、大門　2、客廳　3、餐廳　4、厨房　5、浴室　6、房間　7、陽台

以下就將利用六十四方位吉凶，以及筆者所遭遇的實際狀況，作仔細而詳盡的說明。

大門的擇鑑及配置

這裏所稱的大門是指主要的進出入口，但是隨著社會文化的變遷，難免對這個門的定義顯得模模糊糊，摸不著頭腦，再加上今人的著作，以訛傳訛、含糊代過，以致今日摸不出牛頭馬尾，一般說來門有下列幾種：

1、隔間的門：此門留待以後各節再予以討論。

2、樓梯間的門：此門是指公寓式的屋宅，各戶所共用的門。

3、室內到室外的門：所謂室內是指包括前面所列的十項皆稱爲室內，一般而言，這個部分都叫做玄關。這也是本節所稱大門的重要部分。

大門猶如一個人的嘴臉，嘴臉生得端正，就能帶動一生的運勢，所以大門要在好的方位

，家庭才會順利發展，生意才會蒸蒸日上。以下我們就以房間配置的五個原則來對大門做一個總評：

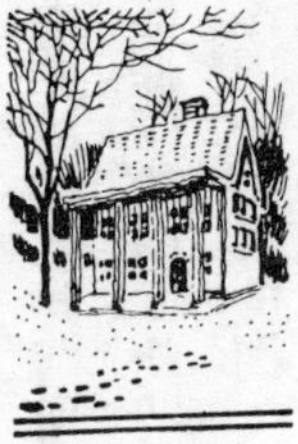

一、方位

所謂大門的方位，即指著大門中心點與屋宅中心點所形成的方位而言，其測量方法，仍同以前所述，將羅盤或指南針，置於屋宅的中心點，即可求出大門在六十四方位中所居的位爲何，之後，再參照前章所述的六十四方位吉凶，即可得知大門之吉凶。

不過有一點要注意的是，屋宅的方位吉凶，以玄關和屋向所形成的方位吉凶（即第五章所言）爲最主要，大門的吉凶僅具有增強或削弱吉凶的特性，並無法直接影響。

二、位置

實際上大門的位置即決定了宅向，大門的位置在屋宅的前端也是不容置疑的，但是現代社會上辦公大廈林立，各個辦公室皆是獨立自主，門的位置多不明顯，不免失去了大門在家

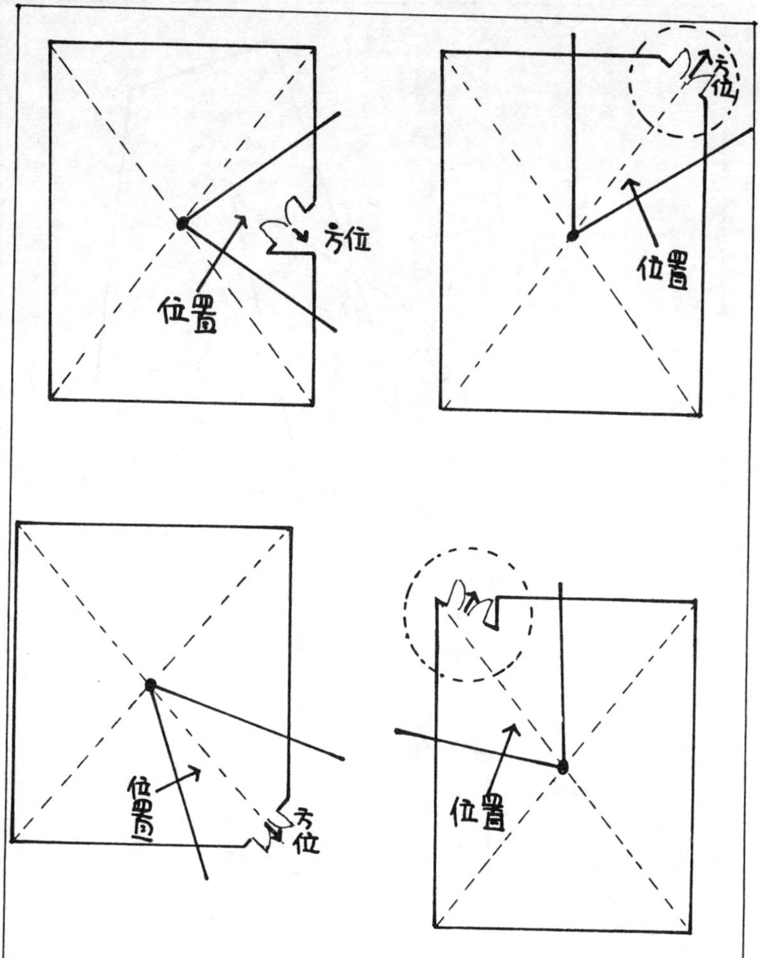

大門的方位和位置

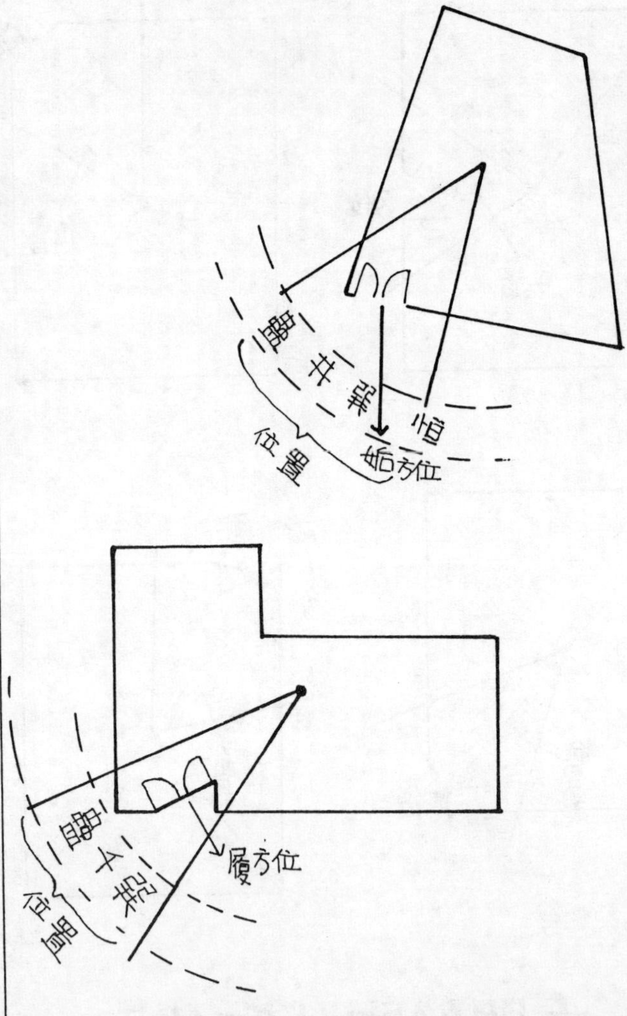

平衡的位置圖

相學上的重要性，無法以大門和辦公室中心連線所形成的方位來判斷吉凶；公寓式住宅的居民則又需綜合樓梯間的門向和室內至室外的門向，才能稍作定奪。

棒球好手在比賽時，都能在短短的一局內摸淸對方的底細，而站在最有利的位置，做最佳的防守，他們的位置講究的是平衡，個個防守員之間最佳的平衡方程組合，也許事實上沒有這種數據存在，但是每個隊員都能做適當的移動，重新組合成獲勝的陣勢，就我們看來，這是一種具體的平衡；相對地，大門的位置也是要考慮到它的平衡因素，方位有吉凶之分，而位置則有好壞之別。吉方位是先天上的優勢，好位置則可以幫助一切順利進行。

大門方位和位置的關係，可由前二頁各圖窺得一、二。

爲求平衡起見，大門的位置必須靠近滿的一方，因爲大門抽象意義即是缺，如果再開在缺的一邊，整個屋子的氣勢就會顯得很不平衡，氣勢一不平衡，很多事情都會出現極端，例如原本成績很好的兒女用功到精神失常，事業成功的男主人徹夜不歸，留守辦公室，而成事業狂等等。

選擇大門的位置應該把握兩個原則：

1、遠離缺的一邊。

2、盡量靠近房屋的中心。

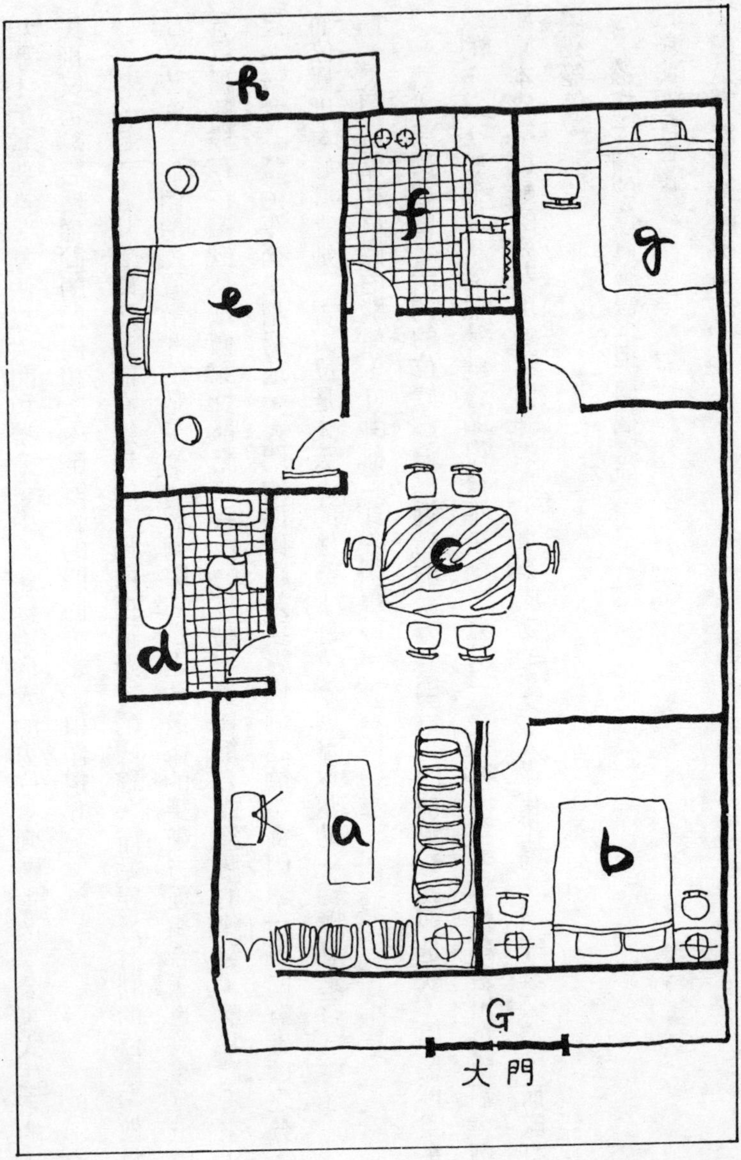
h
f
g
e
c
d
a
b
G
大門

三、距離（動線）

距離和大門的位置有關，大門設立的位置會影響到由大門到室內各房間或由大門到馬路上的距離，現在假如有一個屋宅的形狀如前頁圖：

計算時就是以G爲起點，測出G到各隔間中心的步數，再估計每日行走的次數，二者相乘相加，即可得出距離的數值，數據愈小愈好，因爲數據愈大，表示每天都在走動，根本沒時間休息，動線愈長，象徵著勞苦終生是不吉之象。動線短一點，表示精神充沛，每天做事都很有幹勁，這個家就有發展。不過有一點要注意的是，在馬路旁的住宅，對小孩不利，雖然動線短，但小孩子容易遭到意外。

至於玄關和大門的距離，古人另有一番說法，茲採錄如下：

一步稱爲建。二步稱爲除。三步稱爲滿。四步稱爲平。五步稱爲定。六步稱爲執。

七步稱爲破。八步稱爲危。九步稱爲成。十步稱爲收。十一步稱爲開。十二步稱爲閉。

十三步稱爲建。十四步稱爲除。十五步稱爲滿。十六步稱爲平。……倣造這個推算，即將步數以十二除之，再以餘數求出名稱即得，由於每人的步伐大小不一，沒有標準，特規定一步爲八十公分。

步數爲除、定、執、危、開、建的屋宅，必然發達。

四、美觀

這和大門的材料、顏色、形式有關，雖然不關吉凶，但是由於它是給他人第一印象的地方，可能提供很多吉凶之外的機緣，所以也要注意。

門的材料以木材居多，主要是因大門須常常開動，因此選擇質料較輕的材料較有利，中國自古代起房屋便多木造，一直到今日才盛行水泥鋼筋建材，木造和磚造房子仍以木材門較適合，如果採用今日流行的銅門，則有不平衡的感受，容易遭到意外。

顏色上倒沒有什麼特別禁忌，只是黃色和黑色避免使用即可，因爲黃色和黑色自古至今都別有所屬，恐怕引起不良印象。

型式上可依各種用途而採用，例如店鋪式住宅，就必須採用大排面的鐵門，一般住家則採用雙門式的大門，或一扇式的簡易大門，此皆須參照實際的屋宅狀況，而與之配合，大門必須有其應俱的氣勢，不是可以隨便的，固然不需做的像凱旋門，但也要有起碼的架式，高度要適中，寬度要配合，一般而言以一比三的比例較適中，此指單扇門而言，若為雙扇門，則分做二個單門討論。

鑰匙孔可設在門的中間一半的地方，信箱的設置確屬必要，但為美觀及安全原則，不宜單單設在外面，而採用隱藏式較佳，開口以不超過二十公分為原則。

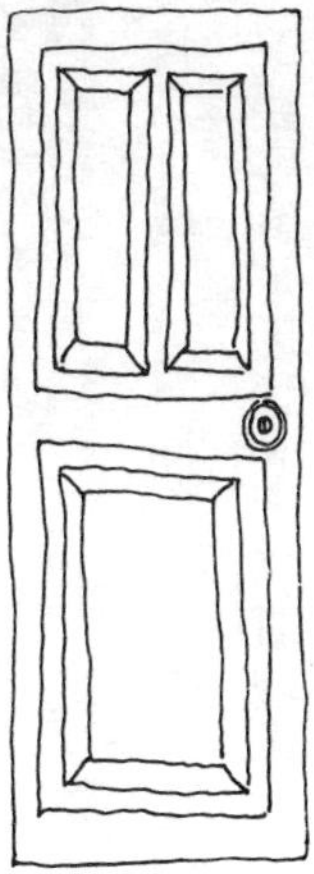

五、實用

前面所說的種種原則，可能都會扼殺了最後這個原則，例如爲了方位問題，而須拐彎抹角的設置，又爲了設置問題，而將大門開在不便行走的路邊等等，究竟原則中孰先孰後?應遵循何者而行?讀者心裏一定感到納悶，這也就是陽宅何以不比陰宅有獨套完整的理論，陰宅四週皆屬自然之物，可塑性百分之百，而陽宅呢，四週全是既定因素、既定環境，又要顧到這因素，又要顧到那因素，勢必叫我們的讀者難以適從，作者特提出以下的方法，作讀者的參考。

	重要程度	偏好程度 (1)	(2)	(3)
方位	0.4	0.2	0.3	0.2
位置	0.3	0.2	0.3	0.4
距離	0.1	0.2	0.05	0.2
美觀	0.1	0.2	0.3	0.1
實用	0.1	0.2	0.05	0.1

重要程度：這個是固定的，說明各種因素的重要性。

偏好程度：這個數值是變動的，即依照個人自己對五個原則的喜愛程度而塡上。

取一張紙出來，在上面畫一個圓，再用鉛筆畫出最適合自己的比例。

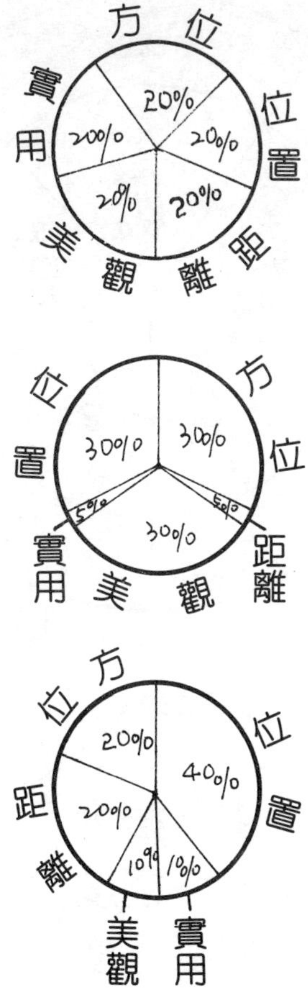

將一個圓當做百分之百，用量角器測出剛才所繪的部分，譬如量出來為72°，就拿72°除以360°再乘100%得20%，將20%塡在前面所列的偏好程度下面，這個測量偏好程度的人最好是全家最主要的生產者，因為他是對家庭興衰最具影響力的人。

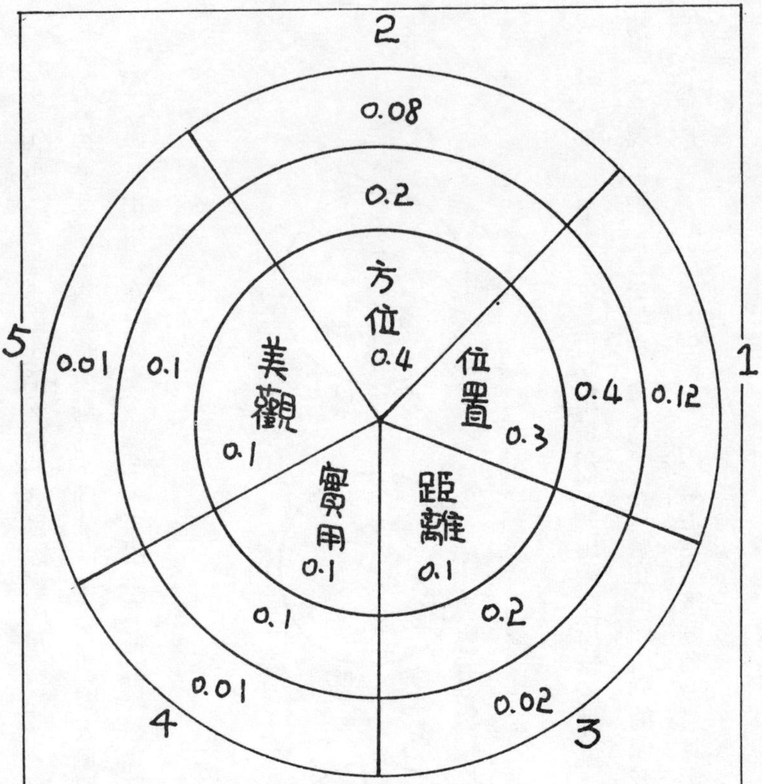

內一圈：重要程度
內二圈：偏好程度
外一圈：重要程度×偏好程度
外　圈：順序排列

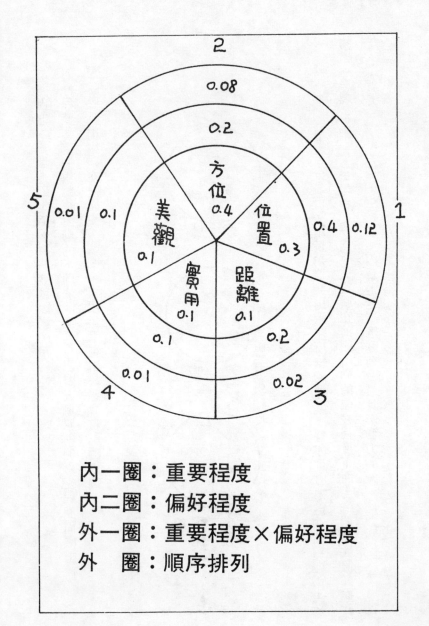

排出名次之後，讀者就可以在遇到難題時有所取捨了。譬如前例，特別重視位置問題，然後才是方位和距離，最後則是美觀和實用。

筆者曾鑑定過不少的屋宅，它們都有各式各樣的狀況。話說筆者的一個朋友曾君，和筆者是數十年的好朋友，也知道筆者頗精於此道，平日相處時，多次以此笑謔，筆者亦不以爲意，的確，眞理需要事實來作見證，多辯無益，世俗之人多以迷信視之，就是因爲自身沒有體察，也許他們受到家宅的影響而造成種種不順，也會把原因歸到其他方面去，像我的朋友曾君一樣。

曾君是我學生時代的好友，一直到今天，仍然是往來甚密，其間雖然彼此都到國外去了一趟，但並沒有失去音信，足見我倆之間友誼深厚，轉眼間，彼此都近不惑之年，曾君在事業上也有些許的成就，問題就在曾君的事業擴展之後，爲了管理上的便利，曾君有意遷到新店，在新店買個普通的房子，暫時安頓個幾年再說，既然有了這種打算，也就積極的展開行動，在工廠的四週半徑五百公尺以內尋找新居，曾太太是一個才女，把家裏料理得井井有條，他們的家，我去過不少次，雖然沒有仔細測過方位，但憑外觀較粗略的看法，大致上財運不錯，因爲整間住宅上面的空氣很流暢，光線也很充足，一看即知爲生財之象，果然，曾君自居於此宅後，事業一帆風順十餘年，雖說託先人之餘蔭，然其本身運勢之配合，才是曾君一帆風順十多年的基礎。

這次的擴廠計劃已經蘊釀了不少時日，曾君夫婦也奔跑了不少路程，找了很多新建造或舊造的屋宅，最後選在新店二十張路的一棟新建住宅，新居喬遷之喜時，我也在邀請之列，由於當時賀客臨門，縱有千言萬語，也不便多進一言，當下就帶著妻兒，懷著一顆憂慮的心，離開了曾家。

返家途中，妻子多方詢問我抑鬱之因，我告之適才看見曾家的大門高度不夠，又約計了大門到玄關的步數為七步，當時太陽西落，看出曾君大門的位置是否方位，綜合觀之，曾君此去事業恐不能順暢，妻兒間的關係也有問題存在，我妻笑我杞人憂天，我則默默不語，心中自知，歸途中塵宇喧囂，幾乎將我的思潮淹沒。

一個月不到，曾君登門求見數次，我皆外出探訪吉宅，曾君無奈，苦等我至傍晚，終於相見。曾君說本不信此道，但事情接二連三都是在遷居之後發生，大兒子態度怪異，妻子終日爭吵，公司的票子出現好幾次危境，這一連串的事件，逼得他走投無路，差點就要精神崩潰，甚至視回家為畏途，突然曙光一現想到了我這個老朋友，因此特來求教。面對著這個多年好友，也不忍心多加責備其選宅前，不注意這方面的影響，一定要等到事情出現了，才願意回頭，眞是不見棺材不流淚。我立即著手對屋宅的狀況層層剖析，只要他肯照著我的話去做，情況就會很快的改觀。曾君如獲至寶的將我的話記下，一直向我道謝，但我知道其心仍懷疑這個可行性。

又是一個月的時間，曾君全家來訪，不消說，又回到美滿的狀況了，妻和我同時發出會心的微笑。

上　原宅

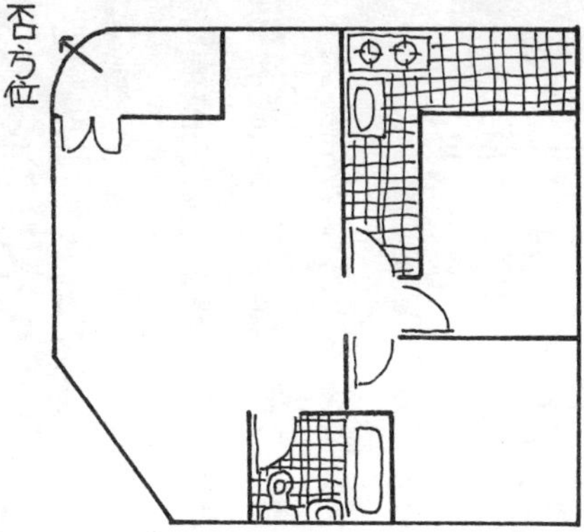

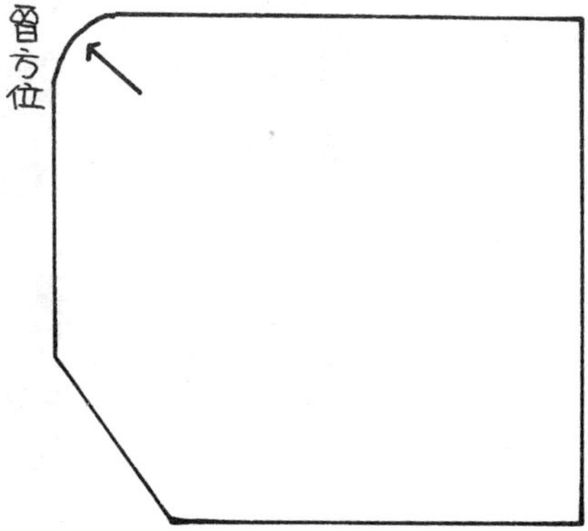

下　改變方位
取消玄關

客廳的擇鑑及配置

客廳最主要是用來接待客人的，也是一家人團聚在一起閒話家常的地方，甚至是小型加工廠的廠地，客廳配置的好壞，它的影響也不僅止於個人，對家庭整個運勢和興旺，都有極大的影響力，因此在客廳的方位或位置方面都必須非常考究，美觀、實用也很重要，有時爲了提高效率，也要考慮到動線的長短問題。

一、方位

沒有吉位，再怎樣的雕花棟樑，也不能挽救一、二，然而有了吉方位後，再配上適當的裝潢，就可以相得益彰。儘管物質文明再進步、再科學化，所能改變的也只是外表的設置，它無法改變方位所呈現的吉凶。

客廳的方位因爲客廳的作用性而呈現不同的表現，因此我打算配合職業來說明客廳方位的吉凶：

1、公營企業的會客室、例如銀行、金庫、信託、開發、儲滙局，或私營的保險事業、典當、證券交易所、租賃公司等以私立金融機構，最適合的大廳、客廳、或會客室的方位是——乾方位（174°至185°）、比方位（343°至354°）、泰方位（135°至146°）、同人方位（84°至95°）、隨方位（33°至45°）、臨方位（90°至101°）、復方位（0°至11°）、咸方位（275°至286°）、大壯方位（157°至168°）、晉方位（326°至337°）。

次佳的方位是——需方位（146°至157°）、履方位（129°至140°）、大有方位（163°至174°）、謙方位（309°至320°）、豫方位（331°至343°）、觀方位（343°至354°）、賁方位（50°至61°）、大畜方位（140°至151°）、家人方位（61°至73°）、解方位（241°至253°）、

2、文化事業、教育事業、補習學校、函授學校、圖書館、社教館等，不論是此類事業本身營業場所的廳，或是服務於上述事業的人員所居住的屋宅，都適合以下所提的方位——益方位（16°至28°）、升方位（219°至230°）、鼎方位（191°至202°）、豐方位（67°至78°）、漸方位（292°至303°）、坎方位（253°至264°）、恒方位（196°至208°）、大壯方位（151°至168°）、解方位（241°至253°）、

復方位（0°至11°）。

次佳的方位是——井方位（208°至219°）、革方位（78°至90°）、歸妹方位（112°至123°）、謙方位（309°至320°）、賁方位（50°至61°）、頤方位（5°至16°）、離方位（73°至84°）、晉方位（326°至337°）、比方位（343°至354°）、訟方位（225°至236°）。

3、建築師、電機技師、水電工程師、化學工程師等，需要有技術結構概念的職業，是當今社會最需要的基礎建設人才，無論是住家的客廳或是辦事處的接待室，均應選擇以下的方位——升方位（219°至230°）、豫方位（331°至343°）、豐方位（67°至78°）、剝方位（348°至360°）、謙方位（309°至320°）、大過方位（185°至196°）、恒方位（196°至208°）、晉方位（326°至337°）、明夷方位（45°至56°）、小畜方位（151°至163°）。

其次的方位是——夬方位（168°至180°）、井方位（208°至219°）、咸方位（275°至286°）、遯方位（270°至281°）、睽方位（118°至129°）、蹇方位（298°至309°）、同人方位（84°至95°）、復方位（0°至11°）、泰方位（135°至146°）、噬嗑方位（28°至39°）。

4、除了金融外的一般公務人員，最適合居住的客廳方位是——損方位（95° 至 106°）、萃方位（320° 至 331°）、升方位（219° 至 230°）、兌方位（123° 至 135°）、中孚方位（106° 至 118°）、既濟方位（56° 至 67°）、謙方位（309° 至 320°）、剝方位（348° 至 360°）、復方位（0° 至 11°）、大過方位（185° 至 196°）。

其次是——解方位（236° 至 247°）、豐方位（67° 至 78°）、震方位（22° 至 33°）、泰方位（135° 至 146°）、否方位（315° 至 326°）、同人方位（84° 至 95°）、豫方位（331° 至 343°）、賁方位（50° 至 61°）、頤方位（5° 至 16°）、坎方位（253° 至 264°）。

5、一般勞力工作者，例如清潔工、零件裝配員、染整工、比較適合的方位是——益方位（16° 至 28°）、尖方位（168° 至 180°）、萃方位（320° 至 331°）、鼎方位（191° 至 202°）、豐方位（67° 至 78°）、巽方位（202° 至 213°）。

其次是——姤方位（180° 至 191°）、震方位（22° 至 33°）、兌方位（123° 至 135°）、節方位（101° 至 112°）、中孚方位（106° 至 118°）、既濟方位（56° 至 67°）。

讀者可以就以上的分類，找出自己的職業所屬，就可以得知適合自己客廳的最佳以及次佳方位，例如一個行政院工作的公務人員，就是屬於4、類，他的屋宅的客廳最佳方位就是萃方位，或前面所列舉最佳方位的其他，其次是解方位，或前面所列舉的次佳方位的其他。最佳方位或次佳方位的得出，乃是根據行業的性質，例如公務人員，講求的是穩定中求發展的潛力，再參照前章所論述的六十四卦位吉凶，而得出其最佳與次佳的方位，所以六十四卦位的吉凶是分析方位的基礎，必需熟讀在心。例如電子工廠的女工，就是屬於5、類的工作人員，她們所需要的是充沛的體力和飽滿的精神，參照六十四卦位吉凶，我們可以知道，能帶給我們這些的有益方位夬方位中孚方位等如前所述的最佳方位，其次是姤方位等如前所述。所以無論是那一種職業的人，我們都必須配合他的工作性質，才能決定出最好的方位來。

二、位置

客廳的位置以居中或靠近門邊較佳。如下頁圖所示。

就個人偏好而言可以發現一項有趣的事實，內向型的多喜歡居住在客廳在中央位置的屋宅，因為即使家中有客人，亦不必互相照面，逕自回房即可；而外向型的人多喜歡客廳在進門處的屋宅，覺得有親和感，和大家接觸較多。

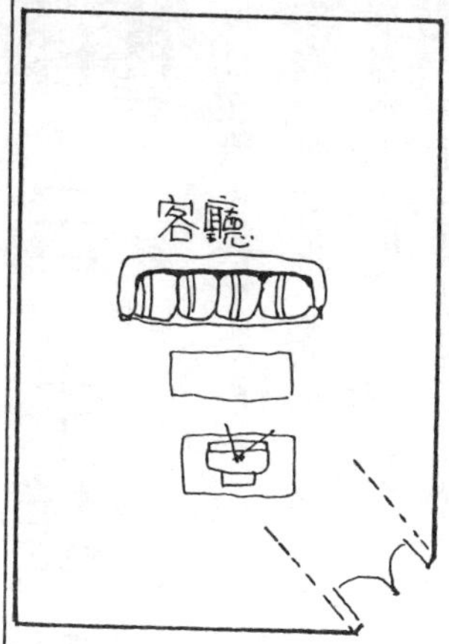

圖二
客廳屬於中央位置

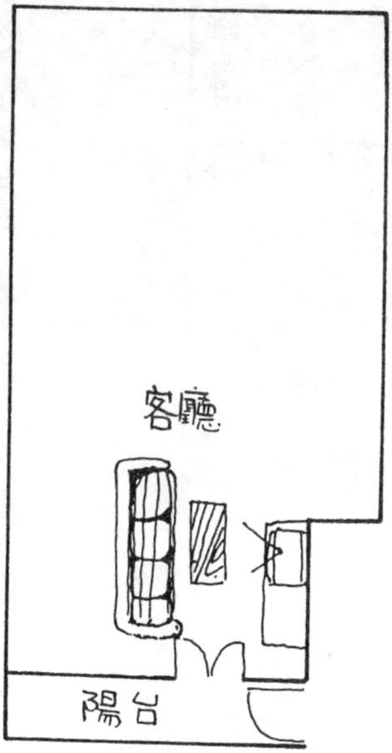

圖一
客廳靠近門邊

三、距離（動線）

爲了避免每日在無益的行走上浪費精力，客廳的動線設計非常重要。客廳是一家人活動的場所，在小家庭中幾乎是最主要的生活空間，孩子們住在鴿籠似的房間，欄杆再欄杆，唯一能活躍的就是客廳，父母爲了照顧子女，當然也以客廳爲主要據點，甚至沒有飯廳，就直接在客廳開飯，厨房到客廳的動線，也需要加以計算，否則必爲每日的生活帶來無盡的困擾

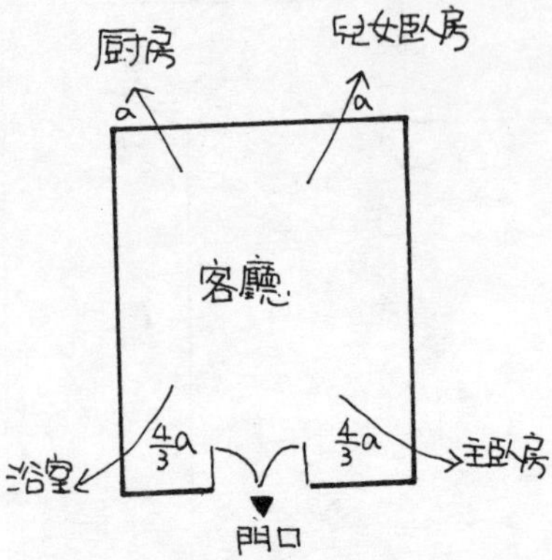

圖一

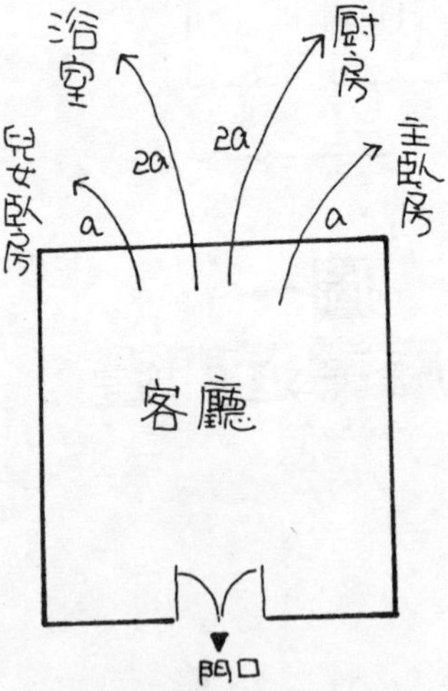

圖二

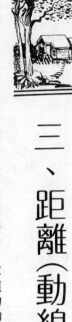

，在不知不覺中浪費了許多精神和力量。

設客廳到兒女臥房8次、客廳到主臥房6次、客廳到浴室6次、客廳到廚房4次、客廳到門口4次，爲一個屋主每日大約行走的次數。

依照前頁圖二的排法，計算其動線的距離如下：

$$a\times 8+\frac{4}{3}a\times 6+\frac{4}{3}a\times 6+a\times 4+a\times 4$$
$$=8a+8a+8a+4a+4a$$
$$=24a+8a$$
$$=32a$$

依照前頁圖一的排法，計算其動線的距離如下：

$$a\times 8+a\times 6+2a\times 6+2a\times 4+a\times 4$$
$$=8a+6a+12a+8a+4a$$
$$=38a$$

比較之下，圖二的距離較短。一般家庭可以參照上面的方法，先求出客廳到各隔間的距離，以直線爲準，再配合自己每日出入的次數，求出動線的長短，而以短者爲佳。

四、美觀

客廳的美觀與否，關係著個人精神上的完滿狀態，間接影響個人事務的成敗，家俱的擺設非常重要，不僅屬視覺上的觀感，它也可能破壞原本良好的方位，而使良相之屋成爲凶相。

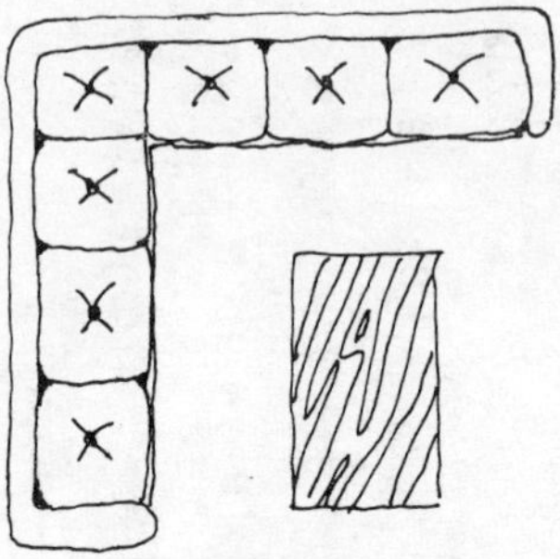

圖一

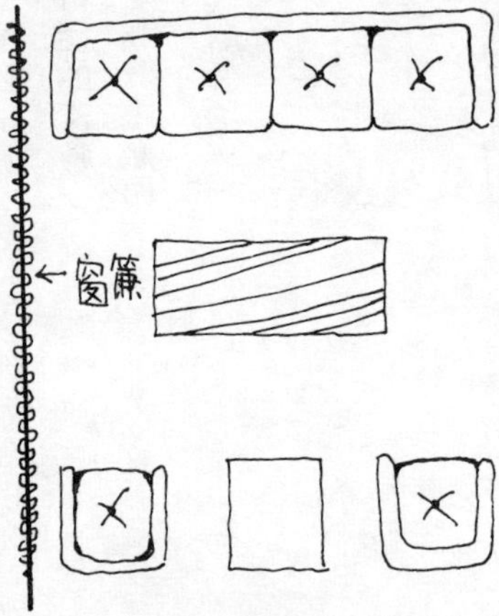

圖二

圖一適合落地型的廳門，圖二適合普通的廳門，而濱臨道路者。

五、實用

客廳是全家生活中心的房間，它有各式各樣的目的，效果也很大，尤其是類似近代的小住宅，重要性更甚，新婚夫婦選擇屋宅時，最容易鬧意見的也是客廳方面的設計和擺置，倒爲新婚階段憑添不少味道。

客廳的目的和功能，大致如下，爲講求實用，客廳就需符合以下的幾項用途。

1、休息—可以安坐、橫躺、喝茶、抽煙、甚至小憩。

2、團聚—可以喝茶、抽煙、讀書、談話、遊戲、聽音樂。

3、接客—可以談話、接洽事務、商討各種意見。

4、餐飲—可以進餐、喝酒、喝茶。

5、作業—可以讀書、執筆、甚至製作。

因此在一棟屋宅中，若客廳方位不當，或位置、距離方面，有任何缺失，都會使家庭生活混亂、子女成長不安、夫妻感情不睦，甚或有遭竊的傾向，客廳中的地板，因日常使用次數的關係，很容易污染，如果這房子是自己建造的，不妨和建築師商量，使用較佳的質料。

客廳中的裝潢，不宜過於華麗，應以簡單明瞭實用爲主，否則不僅破壞空間的完整性，而且還容易引起火災，造成屋主嚴重的損失。最近南北各地，火災頻仍，裝潢惹禍不小。

筆者曾經到過各地，也看了不少的屋宅，其間當然不乏可聽之事。話說雲林大埤鄉有一人家，家主姓林，家境普通，自從家裏添了二小之後，頗感擁擠，林先生就和太太商量，搬到另一個比較大的房子，林太太當然表示贊成。房子是在鬧區巷子裏的二樓，雖然是舊屋，不過比起原來的房子是大的多了。只是奇怪的事發生了，林太太自從搬到新房子之後，起先是感到非常疲倦，開始倒不在意，以爲是搬家的緣故，其後竟然臥病在床，沒有力氣下床，這一下眞把林先生給急死了，又要照顧二小，又要照顧妻子，又要工作，眞是忙得焦頭爛耳，奇怪的是，醫生看過了，藥也吃了，每次一有起色，就又病倒。夫妻倆覺得可能和房子之間有什麼冲尅，就把我找來，一看之下，原來是厨房、大廳和門口的距離發生問題，經過一番修正，將厨房的門口改向之後，林太太也未再發病，這是千眞萬確的事實，叫人不可不信服方位的力量。

餐廳的擇鑑及配置

餐廳是吃飯的地方，餐廳位置或方位不對，都會影響到身體健康，而產生各種身體機能上的障礙——疾病，所以不能不謹愼。餐廳最重要的是要注重衞生，如果再好的方位，而不注意環境衞生，疾病仍是難免。

一、方位

每一個方位都有它自己的氣勢，這個氣勢是由於日、月以及地球之間的關係所形成的氣象。身體的各部位都直接受到氣勢的影響，而顯出強弱之分，某個部位或器官會因氣勢的關係而變得非常健康，某些部位則會因方位所造成的氣勢影響而顯得非常虛弱。綜合六十四方位的吉凶，可以得到下面的結論：

頭部：乾方位、象方位、履方位、剝方位、夬方位、震方位、歸妹方位。

眼、耳、鼻部：漸方位、革方位、益方位。

胸部（心臟病、肺病、呼吸器官）：既濟方位、小過方位、歸妹方位、大壯方位、坎方位、无妄方位。

腹部（腸、胃病、腎臟病等）：中孚方位、節方位、兌方位、豐方位、鼎方位、離方位、大過方位、頤方位。

下腹部（泌尿系統、性病等）：巽方位、井方位、姤方位、家人方位、咸方位、大畜方位、小畜方位。

血液循環：未濟方位、渙方位、艮方位。

精神方面：震方位、解方位、明夷方位、復方位。

關於疾病的詳細說明，請參考六十四方位吉凶中的疾病一欄。

二、位置

餐廳一般多不獨立，而與客廳相連，爲客廳中偏僻的一角，此位置固無不可，但是要注意方位問題，不要僅爲節省空間，而忽略了健康上的要求，否則是得不償失。

三、距離(動線)

這裏所要說明的距離（動線）是厨房和各隔間的距離。

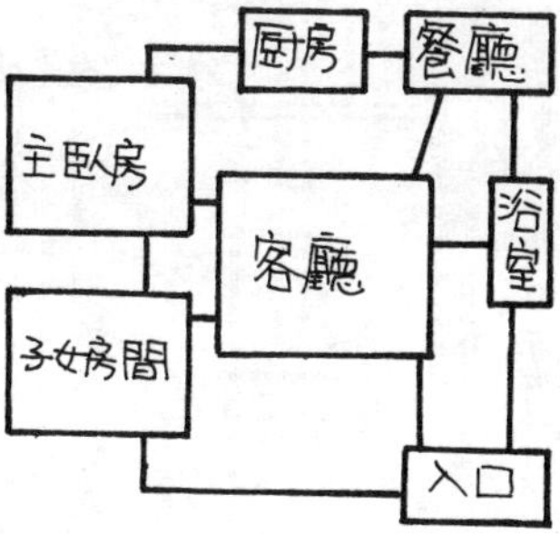

餐廳因爲位在客廳的一角，所以要用餐時，必須要經過客廳，雖然動線較長，但可增加一家人碰面的機會，在今日家庭氣氛逐漸淡泊的時刻，這個動線距離有必要這麼長。

四、美觀

餐廳因爲是用膳的地方所以優雅的佈置可以增進食慾，在良好的氣氛下用餐，更無疑是增進健康的良方。

地板必須選擇容易洗刷的材料，牆壁和天花板儘量採用明亮的材料，燈光方面必須使用不會改變食物顏色的照明設備。

如果使用桌布者，必須經常換洗，一般人家多因爲美觀因素而採用桌布，但却忽略了桌布是細菌的溫床，很多疾病都是由此產生。

五、實用

一般人家均不重視用餐的地方，因此在客廳的一角，既暗又窄，根本讓人不願坐下，更何況用完一餐。因此爲了求健康、美觀和實用，空間是必須注意的，古人有言遊刃有餘就是這個意思，餐廳的桌椅必須是全家人都坐得下，而且還有出入錯身的空間才是良相。

廚房的擇鑑及配置

廚房和客廳、臥房等同時是家庭生活的重要中樞部分，也是主婦們最重要的工作場所，許多主婦們多因動線安排不當而累倒，必須要特別注意。

一、方位

廚房最需要注意的是空氣的流通，因爲廚房有瓦斯充塞著，最好是南北通風，隨時開著窗戶；水氣方面也要考慮不能透濕氣的廚房，不亦是爲主婦們種下病根。

廚房方位的吉凶與疾病的關係，請參照前面所述的餐廳方位與疾病的關係，必須特別注意的是：坤方位、需方位、師方位、小畜方位、中孚方位、節方位、離方位、大過方位、兌方位以及鼎方位。

若是按照概略的說法，可以說明如下：

西方的廚房，由於西曬的關係，對食物和主婦都不利。

東北方的廚房，俗稱「鬼門」，家屬易罹患病痛。

西南方的廚房，俗稱「裏鬼門」，雖然陽光照射充足，但仍對家人不利，家人易罹患疾病。

西北方的廚房，影響屋主的運勢，不利。

南方的廚房，夏季過熱，氣流不通，對屋主而言，有失財之勢。

北方的廚房，夏天好但冬天北風入侵，並不理想。

綜合六十四方位的疾病欄及上面所說的通則，應該可以選出一個適當方位的廚房。

二、位置

廚房的位置應該和浴室、廁所一樣，在隱蔽處，即從大門進入室內之後，放眼所見爲客廳優雅的擺設，而非廚、廁雜亂的外觀。因此廚房即使要設在客廳的旁邊，也要注意出入口的設計，避免廚房的油煙或瓦斯瀰漫到客廳或其他的隔間內。

三、距離（動線）

廚房是一個主婦經常工作的場所，設計或擺置的不良都會造成家庭主婦的不方便，甚至因此而致病。以前將廚房和餐廳設在一塊，是有其源由的，就在於避免距離爲主婦所帶來的疲勞。今天的社會，我們知道吃飯時的氣氛對消化吸收關係很大，再加上孔子「君子遠庖廚」之說，紛紛將餐廳遷移到另一個角落，而將廚房獨立起來，希望大家在這麼做時，能先考慮主婦的辛勞，避免距離太遠而影響到主婦的健康。

廚房到餐廳的距離以不超過四公尺爲原則，相同的廚房和客廳的距離則應在四公尺以上，避免油煙影響到家人的健康。

四、美觀

廚房的建材和一切設備，都應該採用耐洗而且防火的材料，以前的木製櫥櫃應該完全避免，木火無法相離是千古不變的眞理，大家應該謹記在心，才能防患一再發生的災難。

廚房的美觀非常不易保持，因爲廚房和水源有著不可分的關係，造成廚房經常潮濕不堪（空氣和地面），爲了避免長霉，必須把器具置於櫥外，但又爲了防塵和美觀，必須把器具置於櫥內，形成一個進退兩難的局面，衞生和美觀不能兩全、魚與熊掌不可兼得的情況之下，只好捨美觀而取衞生，除非我們能發明出一種既通風又防塵的置器，否則廚房永遠無法維持美觀。

五、實用

櫥櫃是厨房不可缺的東西，其他的架子和器具也不可少，失去這些，厨房就沒有實用性可言。

厨房以整潔爲佳相，髒亂爲凶，就實用性而言，各種器具的配置位置必須適當，例如料理台的高度或瓦斯台的高度等，都必須配合身高；各種烹飪的流程也必須適當，例如：沖洗台↓料理台↓瓦斯台是一種合理的流程，流程不合理，必會增加許多不必要的困擾。

浴室的擇鑑及配置

浴室可以清洗身上的污穢，經常清洗可以洗去身上的許多穢氣。人的身上有各式各樣的氣，有好有壞，所以古人在拜佛前要齋戒沐浴，就是要洗去一切的污穢，以最乾淨的身心祈求，神才會應允，所以浴室和我們的關係不能說不密切。

一、方位

1、復方位、頤方位、屯方位、益方位、震方位、噬嗑方位、隨方位：

這些方位的浴室，濕氣不易排出，屋宅顯得非常寒冷，家中充滿了濕氣，是爲凶；而且這些方位的女主人有生產困難的暗示。

2.无妄方位、明夷方位、賁方位、既濟方位、家人方位、豐方位、離方位、革方位：

這些方位的浴室，對家庭而言，有疏遠社交的暗示，家中的成員對外人都是冷冷冰冰，缺少人和的力量，對於很多需要依靠人和力量來完事的工作而言，是一大弊病。

3.同人方位、臨方位、損方位、節方位、中孚方位、歸妹方位、睽方位、兌方位：

這些方位的浴室，對家人的健康較屬不利，男性易患胸疾、腸疾，且有不知名的病痛；女性則易罹患婦女方面的疾病；而且居於長官職位的家庭主人，容易使部下離心，不可不愼。

4.履方位、泰方位、大畜方位、需方位、小畜方位、大壯方位、大有方位、夬方位：

這些方位的浴室，暗示著家運的衰微。

5.乾方位、姤方位、大過方位、鼎方位、恒方位、巽方位、井方位、蠱方位：

這些方位的浴室，暗示著對全屋的居住者健康狀況有礙，也常因這些慢性疾病的困擾，導致全家慘雲密佈。

6.升方位、訟方位、困方位、未濟方位、解方位、渙方位、坎方位、蒙方位：

這些方位的浴室，暗示著此家庭中之成員有逐漸走向奢華之勢，導致收支失去平衡；子女們也因爲這種由奢入儉的方式不適應，行爲上常出現異常狀況，因此這些方位的浴室爲凶。

7、師方位、遯方位、咸方位、旅方位、小過方位、漸方位、蹇方位、艮方位：

這些方位的浴室，暗示著家長的運勢極佳，可以受到上司的提拔，或在生意經營上有發展，蒸蒸日上。

8、謙方位、否方位、萃方位、晉方位、豫方位、觀方位、比方位、剝方位、坤方位：

這些方位的浴室，暗示著家中缺少活力，活動性不夠，生活上較不積極。

最後要說明的一點是，坤方位、无妄方位、同人方位、履方位、乾方位、師方位、謙方位等七個方位，最好避免設置浴室。

二、位置、距離

最好的位置是距每一個房間都不太遠，換言之，套房最好，每一個房間都有它自己的浴室，可以不經由其他的通道，避免個人的隱私受到侵害。

實際上，爲了考慮水源和瓦斯的問題，廚房和浴室都不可分，浴室常是廚房的附屬。

三、美觀、實用

浴室的設備有很多，最不可缺的是浴缸和熱水器，其次是鏡子、毛巾架等，好的設備，價錢上當然比較高，但爲了求使用上的舒適，以及培養一天的情緒，這個價錢通常是來得非常合理。目前有外國進口的雙色衛浴設備，無論在外觀上或質料上都是上等的，和古代簡直不可同日而語。古人重視浴厠的吉凶，主要因當時的設備和建材都非常差勁，受到方位、地勢的影響非常大，而水氣和火氣又常引發出令人難以察覺的疾病或逆勢，所以非常講究其方位，今日社會物質文明的進步，雖然仍無法擺脫方位的制梏，但已有長足的改善，排水和通風的設備就是一例。所以新的屋相宅位學，並不是將古人的東西完全吸收，乃是根據新的時代背景，檢討過濾以前的說法，而將合適的整理出來，作爲新的參考。

房間的擇鑑及配置

宇宙就像許多房間的組合，一度、二度……幾度的空間，每一個空間或說每一個房間都有它自己的定義，如果有機會我們處在異度空間中的話，可能一切都會改變，也許時間不存在了，也許形體不存在了而只剩下虛殼，也許……，會發生的事情根本在我們的思想範圍之外，因爲沒有人經歷，沒有這種經驗來讓我們習得。故不同的房間也是如此，進入任何一個房間，都可以感覺到這房間的力量，而這股力量就影響了我們的行爲，也造成了好壞吉凶的運勢。

一、方位

臥房是人生中使用最長的地方，與健康有很大的關連，進一步影響到宿者的命運、婚姻、家運的盛衰等，作用非常大，因此臥房的方位必要小心選擇。

1、小畜方位、大壯方位、大有方位、夬方位、乾方位、姤方位、大過方位、鼎方位：

臥房設於上述這些方位者，顯示這個家庭不重視精神生活，而重視物質生活，家庭氣氛淡泊，父母、子女間缺乏親情的連繫。

2、恒方位、巽方位、井方位、蠱方位、升方位、訟方位、困方位、未濟方位：

此方位之臥房居住者，較能思考，設想也比較週到，因此，不會突然令家庭陷於困境，是一種在穩定中求發展的型態。

3、解方位、渙方位、坎方位、蒙方位、師方位、遯方位、咸方位、旅方位：

臥房設於上述這些方位，缺少陽光的照射，生活狀態較不健全，幼兒應該避免宿於這些方位的臥房。

4、小過方位、漸方位、蹇方位、艮方位、謙方位、否方位、萃方位、晉方位：

上述這些方位的臥房，適合小家庭居住，對於大人或小孩的健康狀況都有幫助。

5、豫方位、觀方位、比方位、剝方位、坤方位、復方位、頤方位、屯方位：

這些方位的臥房，氣溫稍微低落，容易受寒，但是能收鎮靜之效，因此適合作書房，必能達到事半功倍。

6、益方位、震方位、噬嗑方位、隨方位、无妄方位、明夷方位、賁方位、既濟方位：

擁有這些方位的臥房的屋宅，家人多能團聚在一起，比較有向心力，家運也能欣欣向榮。

7、家人方位、豐方位、離方位、革方位、同人方位、臨方位、損方位、節方位：

這些方位的臥房為上上之相，能夠培養健壯的體格和勤勉的精神，得到好的運勢，大抵臥房朝著旭日上昇的方向都是佳相。

8、中孚方位、歸妹方位、睽方位、兌方位、履方位、泰方位、大畜方位、畜方位：

這些方位的房間，較易發生長輩和晚輩的爭執，以致擾亂了全家的和諧，若趨於極端則至親子反目；其他還有感情出軌的問題也會常常發生。

二、位置、距離

除了老人的臥房以外，其他的房間並沒有嚴格的限制。因爲老人上厠所較頻繁，所以不要離厠所太遠，也不要離厨房太遠，因爲老人們總是少量而多餐，如果讓他們長途拔涉，恐怕易滋生意外。

小孩子需要唸書，因此房間的位置就要擺在窗戶多的地方，讓自然的光線來陪伴孩子做功課，不要過份依賴日光燈，才是賢明的家長。

三、美觀、實用

臥房的設備最主要有三項：壁櫥、棉被和床，壁櫥最好採用隱蔽式的，比較不會佔空間，也不顯得零亂，材料多爲木製，必須採用上等材料才不會有蟲蛀腐爛的情形發生。櫥櫃的方向亦有吉凶：

剝方位、復方位、坤方位（354°～5°）爲最佳之相。

隨方位、无妄方位、明夷方位（39°～50°）爲凶相。

革方位、同人方位、臨方位（84°～95°）爲吉相。

兌方位、履方位、泰方位（129°～140°）爲吉相。

夬方位、乾方位、姤方位（174°～185°）爲凶相。

蠱方位、升方位、訟方位（219°～230°）爲吉相。

蒙方位、師方位、遯方位（264°～275°）爲凶相。

艮方位、謙方位、否方位（309°～320°）爲吉相。

棉被必須注意衞生，否則常成爲疾病的淵源，爲家人帶來許多不明的病症。所以要常洗曬，古人臥房多朝旭日東升之一面，就在防止細菌的叢生，實在是不無道理。

床舖的選擇必須柔軟適中，床墊太軟容易引起酸痛的疾病，太硬又難以入睡，影響精神。大小以房間的二分之一以內爲準，所以房間太窄而床舖太大者爲凶。房間若有必要可以置桌椅，但以房間的坪數夠大爲原則，通常子女的房間爲單人床，再擺上一張書桌還可遊刃有餘。書桌的擺置要注意不要直接面對著窗戶，否則子女在讀書時，精神會較不容易集中。

顏色的協調也很重要，柔和的顏色是房間所需要的，刺激性的顏色，例如大紅色、鮮綠色、黑色等應該避免，以免引起官能上的反感，而致影響以後的行事。

各式各樣的房間是住宅的主要部分，必須小心的配置，仔細的考慮，才能得到好的運勢和有利的發展根基。

只要一書在手，就萬事OK了！

▲姓名學祕理　余雪鴻著　定價二五〇元

凶名才能出偉人?!吉名可能是白痴?!

姓名究竟有著怎樣令人費解的謎底！

▲科學奇門遁甲　陸飛帆著　定價二八〇元

「功蓋三分國，名成八陣圖。」

奇門遁甲是一門既神奇、又合乎科學的古老方位學。

龍吟文化／出版
帳號／〇〇一七九四四─一
帳戶／希代書版有限公司

徵　稿

我們的徵求：

1. 紫微斗數、八字、占卜、風水、奇門遁甲……等五術作品。

2. 見解精闢而獨到的五術作品。

3. 來稿請寄
   台北市內湖區新民路174巷15號10F　龍吟文化事業股份有限公司。
   電話：7911198(代表線)

4. 稿酬面議。

龍吟文化事業　敬上

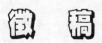